Veena Kade-Luthra

Phoolan Devi

Die Legende einer indischen Banditin

Verlag Neue Kritik

Bildnachweis:
Pramod Pushkarna (113, 115, 116, 117, 118, 120, 123 unten);
STERN (114, 119, 123 oben); The Associated Press (124)

CIP-Kurztitelaufnahme der Deutschen Bibliothek

Kade-Luthra, Veena:

Phoolan Devi: d. Legende e. ind. Banditin /
Veena Kade-Luthra. – Frankfurt (Main):
Verlag Neue Kritik, 1983.

ISBN 3-8015-0190-6

Umschlag Hanno Rink
Druck Fuldaer Verlagsanstalt GmbH Fulda

Inhalt

Editorische Notiz

Von Phoolan Devi erfuhren wir durch Berichte und Photos in Zeitungen und Illustrierten. Die berüchtigte indische Bandenanführerin hatte sich im Frühjahr 1983 auf spektakuläre Weise im Unionsstaat Madhya Pradesh der Polizei ergeben. Wir wurden neugierig auf Phoolan Devi und meinten, ein Buch über sie sollte möglichst eine Inderin schreiben, die mit den Kulturen und Traditionen des Landes aufgewachsen ist.

Veena Kade-Luthra stammt aus Neu-Delhi. Sie hat in der Bundesrepublik studiert und arbeitet heute freiberuflich als Autorin in München. Um die Authentizität des vorliegenden Buches zu wahren, haben wir auf eine umfassende sprachliche Überarbeitung des Textes verzichtet.

für meine Mutter

EINE LEGENDE ENTSTEHT

Begegnungen mit Phoolan Devi

Im Frühjahr 1981 hörte ich zum erstenmal von Phoolan Devi. Eine mir unbekannte indische Frau mit Ohrringen und Nasenjuwel blickte bitter verdrossen aus einer deutschen Zeitung. Ihr schwarzes Haar war im Nacken zusammengebunden. Der Schmuck, die Haartracht – sie waren traditionell gehalten; die Augen blickten schräg nach oben, unwillig und argwöhnisch.

"Königin der Banditen fordert Rache", "Blumengöttin durstet nach Blut" – stand in dicken, schwarzen Schlagzeilen über dem Bild. Ich hatte noch nie etwas von ihr gehört. Neugierig las ich weiter. Diese schöne und gefährliche Frau, Anführerin einer Bande von ca. vierzig Banditen, hatte aus Rache zweiundzwanzig Männer der Landbesitzerkaste der Thakurs umgebracht. Die Thakurs hatten zuvor ihren Liebhaber erschossen und sie mehrfach vergewaltigt. Seit den Rachemorden war sie mit ihrer Bande spurlos verschwunden.

Der Bericht verwirrte und beunruhigte mich. Es fiel mir schwer, mir eine indische Frau in dieser Rolle vorzustellen. Eine Frau, die so brutal erniedrigt wurde und die noch die Zähigkeit und Skrupellosigkeit hatte, sich auf so verbrecherische Weise zu rächen! Eine Rächerin ihrer Ehre, die eine

Bande von vierzig Männern gegen die Thakurs angeführt hatte! Mir war bis dahin nicht bewußt, daß es in Indien solche Frauen gab. Daß es besser wäre für eine Frau, sich umzubringen bei der Gefahr einer Vergewaltigung, das hatte ich gelernt. In den Schulstunden hatten wir von den Frauen der Rajput-Fürsten gelesen, die sich gemeinschaftlich ins Feuer stürzten, um sich vor den gierigen Armen des Feindes zu retten, bevor dieser zu ihren Gemächern vordringen konnte. Von den *dacoits* (Banditen in Indien) hatte ich schon gehört. Das hatte Tradition und gehörte zum alltäglichen Geschehen. Aber eine Frau als Anführerin von Banditen! Das paßte nicht in meine Vorstellungen.

Für einen Augenblick assoziierte ich ihre Geschichte mit den Naxaliten. Die Naxaliten hatten einige Jahre lang Landbesitzer in Bengalen, in Andhra Pradesh und in Bihar terrorisiert. Das waren Landenteignungsaktionen gewesen – Ländereien wurden besetzt und ganze Landbesitzerfamilien ermordet. Die Bewegung hatte 1968 in Naxalbari angefangen. Ein gewalttätiger Kampf im Interesse der landlosen Bevölkerung. Aber die Naxaliten, das waren politische Gruppen revolutionärer Idealisten und radikaler Studenten, die nicht selbst zu den Landlosen gehörten, aber für diese kämpften.

Phoolan Devi – sie hatte für ihre eigene Sache gekämpft. Ihr Haß gegen die Thakurs war ein persönlicher. Sie kam selbst aus einem kleinen Dorf, Guda ka Purwa (auch als Sheikhpur Guda bekannt) in Uttar Pradesh in Zentralindien. Es liegt, schwer erreichbar, am rechten Ufer des Yamuna-Flusses, wenn man von Kalpi kommt. In dem Dorf wohnen vorwiegend Mallahs (Kaste der Bootsmänner); auch Phoolan Devi gehörte dieser Kaste an. Woher Phoolan Devi kam, das erfuhr ich erst zwei Jahre später, als ich im Frühjahr 1983 nach Indien reiste, um Näheres über sie und ihre Bande zu erfahren und, wenn möglich, mit ihr selbst zu sprechen. Der Name ihres Dorfes – Guda ka Purwa – sagt eigentlich nichts; er drückt nur aus, daß sie aus einer entlegenen, wenig bekannten Welt kommt. Auf den indischen Landkarten ist

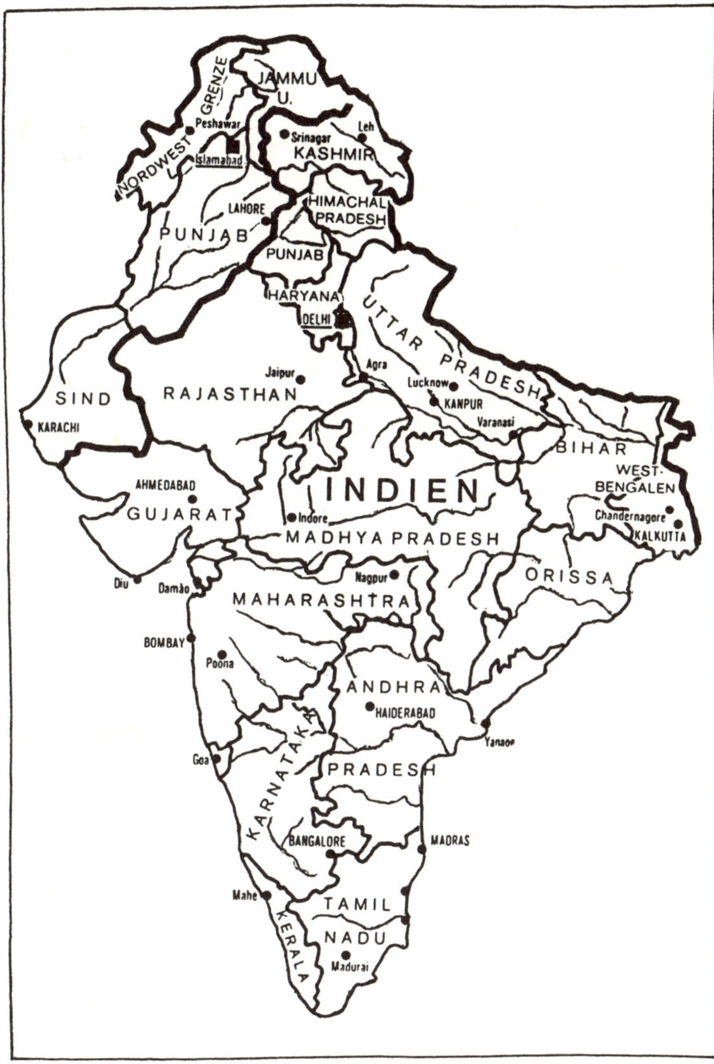

JAMMU
U.
KASHMIR
NORDWEST GRENZE
Peshawar
Islamabad
Srinagar
Leh
HIMACHAL PRADESH
LAHORE
PUNJAB
PUNJAB
HARYANA
DELHI
UTTAR PRADESH
Agra
Lucknow
KANPUR
Varanasi
Jaipur
SIND
RAJASTHAN
KARACHI
BIHAR
WEST-BENGALEN
Chandernagore
KALKUTTA
INDIEN
AHMEDABAD
GUJARAT
Indore
MADHYA PRADESH
Diu
Damão
Nagpur
ORISSA
MAHARASHTRA
BOMBAY
Poona
ANDHRA
HAIDERABAD
Yanaon
Goa
KARNATAKA
PRADESH
BANGALORE
MADRAS
Mahe
TAMIL
NADU
KERALA
Madurai

das Dorf auf jeden Fall nicht markiert gewesen. Eine Bus- oder Bahnverbindung zu dem Dorf gibt es nicht. Der nächstgelegene Ort ist Kalpi, von wo aus man sich mit einem Jeep oder Ochsenkarren oder zu Fuß auf den staubigen Weg nach Guda ka Purwa machen kann. Zur Monsunzeit ist der Weg dahin wegen der Überschwemmungen unpassierbar. Erst als Phoolan Devi mit ihrer Banditenbande von sich reden machte, wurde Guda ka Purwa sozusagen für die indische Landkarte entdeckt.

Aber schon zwei Jahre später war es wieder ein vergessener Ort. Die berüchtigte Banditenkönigin saß seit Mitte Februar 1983 im Zentralgefängnis von Gwalior in Madhya Pradesh, einem benachbarten Unionsstaat; auch ihre Familie war inzwischen – auf ihren Wunsch – in der Nähe von Gwalior einquartiert. Gwalior ist eine uralte, historische Stadt. Die imposante Burg der ehemaligen Herrscher von Gwalior dominiert von einer Anhöhe aus das Bild dieser Stadt; in ihrem Schatten liegt das Gefängnis. Am 12. Februar 1983 hatte Phoolan Devi sich der Polizei in Madhya Pradesh feierlich ergeben. Seitdem war sie im Gefängnis von Gwalior untergebracht, wo schon Scharen von Journalisten, Fotografen und Besuchern diese inzwischen zur Legende gewordene Frau aufgesucht haben.

Mein Bild von Phoolan Devi unterschied sich zunächst nicht sehr von dem des Künstlers, der 1981 das erste Phantombild von ihr gemalt hatte, nach den Beschreibungen von Menschen, die sie aus der Nähe gesehen hatten – ihre Familienmitglieder, Dorfbewohner, Polizisten. Es gab damals kein einziges Foto von ihr. Man hatte stückweise ihre dramatisch-bittere Lebensgeschichte zusammengestellt und dieses Phantomgesicht als Imaginationshilfe dazu genommen.

Eine Banditenanführerin ohne ein eigenes Gesicht – das regte die Phantasien der Öffentlichkeit an, die mit ihr litt, sie mit vergewaltigte, sich selbst mit ihr vergewaltigen ließ, mit ihr sich schaudernd gegen die Thakurs erhob und sie schließlich doch erleichtert der Strafordnung übergab. Reporter, Journalisten und Schriftsteller, die sich damals auf die Suche nach der wahren Phoolan Devi machten – zu einer Zeit, als die wirkliche Phoolan Devi noch von der Polizei gejagt wurde –, mußten später etwas verunsichert bzw. enttäuscht zugeben, daß ihre Wunschphantasien für die Entstehung der Legende von der schönen Banditenkönigin mitverantwortlich waren. Das ist allerdings bei Banditenhelden nichts Außergewöhnliches: Der große, schöne Robin Hood, dargestellt in Hollywood von dem Frauenhelden Errol Flynn, sah auch erheblich mondäner aus als der bäuerlich-stramme Robin Hood, wie ihn Balladen und Bilder von früher überliefern; der berühmte italienische Bandit Salvatore Giuliano wurde in den Augen seiner Bewunderer auch zum eleganten Kinohelden stilisiert. Es war nicht erstaunlich, daß eine Banditin, die noch auf der Flucht war, die Phantasien fesselte.

"Ich muß zugeben, daß ich mitverantwortlich bin für die Legende von Phoolan als *dasyu sundari* (Banditenschönheit)", erklärt mir der renommierte Schriftsteller und Journalist Khushwant Singh in seiner Residenz in Neu Delhi und strahlt gutmütig. Er erzählt von seinem Besuch 1982 bei Phoolans Familie in Guda ka Purwa. "Damals, als ich ihre Familie besuchte, trafen wir auch ihre jüngere Schwester Ramkali. Sie war wirklich sehr sexy, eine richtige Dorfschönheit mit schwingenden Hüften und forschen Blicken. Der Fotograf, der mich begleitete, war ganz in sie vernarrt. 'Wenn Phoolan auch nur ein wenig wie sie ausschaut, dann würde ich wegen ihr Bandit werden', meinte er. Ich fragte den jüngeren Bruder von Phoolan, ob denn Phoolan ihrer Schwester Ramkali ähnlich sei, und er meinte, sie sei noch schöner. Diese Bemerkung verleitete mich zu einem Bild von Phoolan Devi als verführerische Banditenschönheit . . .", sagt er und fügt hinzu, "aber die wirkliche Phoolan, die jetzt aufgetaucht ist, ist häßlich wie die Sünde." Er hatte die wirkliche Phoolan nach ihrer Kapitulation nicht selbst gesehen, nur die Fotos von ihr, und die Diskrepanz zwischen "seiner" Banditenkönigin und der Realität war anscheinend für ihn so groß, daß er schon wieder ins andere Extrem fiel.

In den Zeitungsarchiven in Neu-Delhi las ich die vielen Berichte, Geschichten, Kommentare und Meldungen über Phoolan Devi, die von Februar 1981 bis April 1983 erschienen waren: dicke Stapel von Zeitungsausschnitten und Zeitschriftenartikeln. Die Banditenanführerin war in der indischen Medienlandschaft ein großes Ereignis gewesen. "Cover-Stories" und "Special-Reports"; das altbekannte Phantombild in verschiedenen Farbausführungen auf den Deckblättern von Zeitschriften aus dem Jahr 1981.

Zwei Jahre später gab es Dutzende Schwarzweiß- und Farbfotos von Phoolan Devi mit rotem Stirnband, in Khaki-Polizeiuniform, so wie sie sich bei der Kapitulationszeremonie gezeigt hatte. Die zwei Phoolan-Bilder wichen sehr voneinander ab.

Phoolan I und Phoolan II waren die schwarzen Mappen überschriftet, die ich im Archiv von *India Today*, einem führenden politischen Nachrichtenmagazin in Neu-Delhi, von dem freundlichen Bibliothekar Dharam Vir ausgehändigt bekam.

Phoolan I, das war die Legende von Phoolan Devi vor ihrer Kapitulation. Phoolan II, das war die Frau, die sich mit ihrer Kapitulation der Öffentlichkeit gezeigt hatte. Der Spielraum für die Phantasie war eingeengt worden; die wirkliche Banditenanführerin, die jetzt im Gefängnis saß, bot der Phantasie entschieden mehr Widerstand als die Frau, die sich in den unzugänglichen Schluchten und Dschungeln versteckt hatte und wortwörtlich unfaßbar schien. Die wirkliche Phoolan Devi war äußerst eigenwillig.

Ihr eigentlicher Name ist Phoolan – "von Blumen". Das "Devi" kam später mit der Legende dazu – Blumengöttin. Eine "Devi" ist auch die vollkommene, die tugendhafte ideale Frau. Götter und Göttinnen entstehen schnell in Indien. Die mythenbildende Phantasie, die schon über dreitausend Götter und Göttinnen geschaffen hat, verwandelt auch politische Führer, Kinohelden/innen und Alltagshelden/innen in "Devtas" und "Devis", in verehrungswürdige, ideale, vollkommene Menschen.

Man hätte gern Phoolan Devi — der Blumengöttin — das Gesicht von Greta Garbo und das Herz von Robin Hood gegeben, oder sie — nach indischen Idealen — schön und keusch gemacht wie Sita, die verehrte Göttin, großherzig und blutrünstig wie der legendäre Bandit Man Singh in den fünfziger Jahren. (Weibliche Robin Hoods gab es offenbar weder in der westlichen noch in der indischen Banditentradition). Aber die Phoolan Devi, die Tausende von Menschen am Tag ihrer Waffenniederlegung zum ersten Mal sahen, war eine kleine, schmächtige Frau mit einem unglücklichen Gesicht, die keine Anstrengungen machte, sich von ihrer verehrungswürdigen Seite zu zeigen. Äußerst unwillig, mit den sie umschwärmenden Journalisten Konversation über ihre Banditenkarriere zu treiben, fluchte sie derb auf alle, die sich ihr nähern wollten.

"Ich hasse Dich, verschwinde aus meinen Augen!" schnappte sie nach einer Korrespondentin, die wiederholt versuchte, an sie heranzukommen. Als eine andere Journalistin fragte: "Man erzählt, daß du ein Kind bekommen hattest; wo wächst dein Kind auf?", fauchte Phoolan Devi zurück: "Auf deiner Müllhalde!"

"Sie flucht wie ein Mann", schrieb ein Korrespondent von *Aaj*, einer Hindi-Zeitung aus Kanpur. "Sie flucht so grob, daß selbst einem Mann die Ohren rot werden", verdeutlichte er. Die Fluchkanonaden der Banditenkönigin hatten anscheinend viele schockiert. Keine Zeitung druckte ihre derben Flüche ab.

Meine Neugierde war geweckt. "Was sind denn das für schlimme Fluchwörter?", fragte ich Khushwant Singh, als ich wegen Phoolan Devi bei ihm war. "Alle schreiben äußerst entrüstet darüber, aber ich habe bis jetzt keine in den Zeitungen gelesen."

"Die *Hindusthan Times* strich die Flüche aus meinem Artikel heraus", sagte er. "Eigentlich sind es nichts anderes als all die üblichen *four-letter*-Wörter wie "mother fucker", "bastard", "sister fucker" usw. Sie hat all die Zeitungsleute mit solchen Flüchen abgeschmettert. Das müssen Sie in Kauf nehmen, wenn Sie mit ihr sprechen wollen", sagte er und lächelte wohlwollend.

Ich wußte nicht recht, wie ich auf eine solche unwirsche Begrüßung reagieren würde. Wenn's nur um rote Ohren bekommen geht, dachte ich und wünschte mir heimlich, daß all die Journalisten übertrieben hätten und daß die Banditenanführerin sich mir von ihrer freundlicheren Seite zeigen würde . . .

Kindheit und Ehe nahe den Schluchten

Phoolan Devi ist heute sechsundzwanzig Jahre alt. Sie selbst allerdings hat es in einem Interview bestritten: "Ich bin zwanzig Jahre alt", beharrt sie. "Schreiben Sie das auf! Fragen Sie meine Mutter, wenn Sie mir nicht glauben!"

Eine Geburtsurkunde gibt es genausowenig wie ein Familienfotoalbum; das ist nichts Besonderes in Indien. Es ist der Normalfall. Das Geburtsdatum eines Kindes wird – wenn offiziell notwendig – nach Angaben der Eltern festgelegt. Die Romanciers der "Wahren Lebensgeschichte der Banditenkönigin Phoolan Devi" wissen am besten, wann und wie sie auf die Welt kam. Sie wissen, daß die Geburt eines Helden oder einer Heldin immer durch besondere Zeichen angekündigt wird. Drei solche quasi-biographische Romane auf Hindi bekam ich in die Hände. Govind Singh, ein versierter Schriftsteller dieses Genres, schreibt dazu:

Phoolan Devis Mutter, Mula Devi, sagt, daß es am Tag, an dem Phoolan geboren wurde, vom Himmel herabschüttete. Es blitzte und das Wasser der Yamuna schlug über die Ufer. In der Nacht zwischen zwei und halb drei wurde Phoolan geboren.

Es kann gut sein, daß Mula Devi es tatsächlich so erzählt

hat; wenn nicht, dann hat Govind Singh einem existierenden Aberglauben nur ein wenig mit seinen eigenen Worten nachgeholfen.

Ob sechsundzwanzig oder zwanzig Jahre, die Phoolan Devi, die ich später kennenlerne, ist auf jeden Fall sehr jung und sieht verwundbar aus. Manchmal wirkt sie fast kindlich, ihr Gesichtsausdruck ändert sich sehr rasch, je nachdem, worüber sie gerade spricht. Sie läßt sich gar nicht so schnell einordnen.

An einem Stand auf dem geschäftigen Obst- und Gemüsemarkt von Gwalior habe ich Früchte gekauft – gelb-rote Mangos, Melonen, die der Verkäufer mir als eine besonders süße Sorte anpries, Orangen – und sie mir in einen Bastkorb füllen lassen; mit diesem schweren Korb unter dem Arm stehe ich vor dem großen Stahltor des Gefängnisses. Viele Männer mit Turbanen und *dhotis* (Beinkleidern) und buntgekleidete Frauen mit Silberschmuck hocken dicht nebeneinander auf dem braunen Sandboden, etwas abseits von dem Tor, und warten, um ihre Verwandten im Gefängnis besuchen zu können. Es ist alles sehr still und brennend heiß.

Bald bekomme ich die Frau zu sehen, von der seit zwei Jahren in aller Welt die spektakulärsten Berichte zu lesen waren. Sie ist in Weiß gekleidet, mit schulterlangen schwarzen Haaren, schaut mich an mit einem neugierig musternden Blick. Hinten erkenne ich ihren Freund Man Singh. Es sitzen auch drei, vier Besucher in ihrem Zimmer, ich weiß nicht, wer sie sind.

Wir sagen *Namaste* ("Guten Tag"). Die Männer kommen vor und berühren meine Füße; sie verehren Frauen, sie würden einer Frau nie etwas antun, drücken sie mit diesem rituellen Gestus aus. Ich überreiche Phoolan den Korb, wir setzen uns hin. Ich sage: "Da ist etwas Obst, das ich für dich mitgebracht habe. Mach es doch auf und eßt etwas davon." Sie reißt schnell das dünne rote Papier weg, das über dem Korb liegt, und fängt an, das Obst zu verteilen. "Hier nimm!", sagt sie und wirft eine Frucht nach der anderen den Besuchern zu, dann auch zu Man Singh, dann zu Lakhan Singh. Ich denke daran, wie die Banditen ihre Beute nach den Überfällen austeilten. Dann schneidet sie eine Mango in Teile und gibt mir eine Scheibe und nimmt selbst die andere. Das ist ein Ritual: Für den Gast schneide ich die Frucht mit den eigenen Händen. Wir essen, die Besucher gehen weg. Sie lutscht jetzt an dem großen Mangostein und sieht aus wie ein Kind. Ich möchte eigentlich keine Fragen stellen.

Ich versuche mir vorzustellen, daß ihr Leben als Erwachsene schon mit elf Jahren begann. Ihre Eltern hatten sie in diesem Alter mit einem viel älteren Mann verheiratet. Mir kommt es wie eine zweifache Vergewaltigung vor – Vergewaltigung der Kinderseele und Vergewaltigung des Kinderkörpers. Ich frage Phoolan, als ich ihr gegenüber in einem Raum sitze, der mehr einem Zimmer als einer Zelle ähnelt: "Warst du elf oder dreizehn, als du verheiratet wurdest?" "Elf", sagt sie mit gedämpfter Stimme und schaut unglücklich vor sich hin. Die Frage berührt Unangenehmes bei ihr.

"Wie konnten dich deine Eltern so früh in eine Ehe weggeben, du warst doch erst ein Kind", kommt es unbeholfen aus mir heraus. "Wie konnte ich denn damals dazu was sagen? Ich habe wenig gewußt", antwortet sie ohne Zögern und schaut mich an.

Wir sitzen barfuß einander gegenüber auf Matratzen, die auf dem Boden ausgelegt sind; ich habe meine Sandalen auf den Steinboden gestellt. Die zwei Matratzen, die den größten Teil des Zimmers ausmachen, sind in dem üblichen Grau und Rosa des indischen Überzugsstoffs; sie sind durch das tägliche Leben, das sich auf ihnen abspielt, etwas verschmiert. An der Wand hinter Phoolan hängen zwei große, bunte Kalenderbilder der Göttin Durga. Das Zimmer ist kühl, an der Decke schwirrt ein Ventilator vor sich hin. Die Tür ist weit offen zu dem breiten Hof des Gefängnisses hin. Draußen hängt die Hitze in der Luft, und die Sonne scheint unerbittlich auf den staubigen Boden. Ich bin nicht allein mit Phoolan Devi bei diesem Besuch in ihrem kleinen Zimmer.

Mit dem Rücken halb an die Wand gelehnt, hockt Man Singh Yadav in einem lockeren weißen *kurta* (loses, langes Hemd) und weich fallender Hose – Phoolans Banditengefährte und Liebhaber. Sein sonnengebräuntes Gesicht glänzt. Er hat einen großen, pechschwarzen Schnurrbart und lockiges Haar, etwas eingeölt, wie es in Indien üblich ist, und zurückgekämmt. Ich frage Phoolan, ob sie beide in diesem Zimmer zusammen leben, und sie nickt bejahend. Sie hatte das gleich zu Anfang durchgesetzt. Manche Leute hielten es für einen Skandal, daß die Gefängnisordnung so etwas erlaubt; ich war selbst angenehm überrascht über diese Liberalität. Man Singh sagt wenig, er nimmt alles mit seinen tief leuchtenden Augen auf. Auf seiner Stirn ist die kontinuierliche Anstrengung des Wachsam-Sein-Müssens in zwei Falten eingegraben. Er ist ein gutaussehender Mann mit kräftiger Statur, der sich gibt, als ob er das selbst nie wahrgenommen hätte.

Phoolan wirkt sehr klein dagegen. Ihre glatten, schwarzen Haare fallen offen bis auf die Schulter; ihre weiße Uniform ist etwas verstaubt. In merkwürdigem Kontrast zur Uniform wirken die silbernen Ringe an den Fußzehen und der silberne Nasenring. Sie ist eine sehr eigenwillige Mischung aus einem bescheidenen unprätentiösen Mädchen vom Land und einer selbstbewußten Frau, die es überhaupt nicht nötig hat, irgend jemandem auch nur ein gefälliges Lächeln zu schenken. Sie ist ohne Zweifel der lebendige Mittelpunkt dieses Zimmers. Mir fällt es schwer, sie nicht mit der größten Neugierde anzustarren.

Neben Phoolan Devi, etwas im Hintergrund, sitzt Lakhan Singh Baghela, ein Mitglied der Gang des "Herrschers" Malkhan Singh, der sich mit seinen Männern ein Jahr vorher – im Juni 1982 – ergeben hatte. Er war mir im Vorraum des Gefängnisses schon aufgefallen, als die Besucher hereingelassen wurden. Er hat lange Koteletten und einen wildwuchernden Bart; seine zerknautschte Khaki-Jacke hängt schlaff um ihn, ein dicker, brauner Ledergürtel ist locker um seine stattliche Breite gebunden. (Die Polizeibeamten im Vorraum hatten dieselben Khaki-Uniformen an, aber sie sahen anders aus. Sie waren glatt rasiert, ihre Uniformen waren mit Stärke in feste Linien ausgebügelt.) Jetzt sitzt Lakhan Singh in diesem Zimmer. Er strahlt vor Freundlichkeit und Neugierde, zündet sich eine Zigarette an und redet munter mit.

Er versucht jetzt, mich über Phoolans frühe Ehe aufzuklären. "In den Dörfern", sagt er etwas apologetisch, "werden die Mädchen früh verheiratet. Das ist nicht wie bei euch in den Städten." Das weiß ich schon, denke ich irritiert. Aber wirklich vorstellen kann ich es mir nicht.

Wie wird ein elfjähriges Mädchen damit fertig? Ich denke an die gleichaltrige lebhafte kleine Manju, die ich aus Neu-Delhi kenne, die abends im Hinterhof ihres Hauses mit ihrer älteren Schwester Federball spielte. Natürlich wußte sie Bescheid über Phoolan Devi. Sie hatte die Banditenführerin emphatisch vor mir verteidigt. "Es war nicht ihre Schuld", hatte sie mit aufgeregter, schriller Stimme gesagt, "es war nicht ihre Schuld. Sie mußte es tun, weil die anderen so schlecht zu ihr waren." Manju las bestimmt keine Zeitungen; ich weiß nicht einmal genau, was sie von der ganzen Geschichte wußte. Manju ging zur Schule, lernte Gedichte rezitieren über die Heldentaten der Rani von Jhansi und fand Geographie am langweiligsten. Sie mußte sich auf ein Diktat in Hindi am nächsten Tag vorbereiten, hatte sie mir erzählt. Sie war ganz erschrocken, als ich ihr sagte, daß Phoolan Devi genau so alt wie sie war, als sie verheiratet wurde.

In den Dörfern ist es nicht so wie in den Städten, hatte Lakhan Singh gesagt. Das stimmte. Kinderehen waren in Indien gesetzlich verboten – bei Mädchen unter fünfzehn Jahren, bei Jungen unter achtzehn Jahren –, aber auf dem Land fanden immer noch Kinderehen statt. Der Sarda-Act von 1927 und der Hindu-Marriage-Act von 1955, die Kinderehen strafbar machen, hatten sich in den Dörfern nicht durchgesetzt. Eher schienen da die Verordnungen des uralten Hindu-Gesetzgebers Manu zu gelten. Nach Manu hieß es: "Ein Mann von dreißig soll ein Mädchen von zwölf Jahren heiraten und ein Mann von vierundzwanzig ein Mädchen von acht Jahren."

In der Kaste der Kewats oder Mallahs, zu der Phoolan Devi gehörte, waren Kinderehen üblich. Aber selbst bei den Mallahs übergab man dem Ehemann die Tochter erst nach ihrer ersten Menstruation, auch wenn die formelle Ehezeremonie früher stattfand. Phoolan hatte mit elf Jahren nicht in Frage gestellt, was ihre Eltern für sie bestimmten.

"Braut mit elf, Killer mit zwanzig" – das waren Schlagzeilen über sie gewesen. Als Kind-Braut hatte sie mit Saribedecktem Gesicht nicht mal dem Bräutigam in die Augen sehen dürfen.

Der Ehemann hieß Putti Lal, auch von der Kaste der Mallahs aus Maheshpur, einem benachbarten Dorf. Ein einfacher Bauer, um die zwanzig Jahre älter als sie. Für ihn war es die zweite Ehe; seine erste Frau war jung gestorben. Phoolans Eltern hatten dem Bräutigam ihrer Tochter wenig anzubieten; sie konnten keine bessere Partie für sie finden. Die Mallahs sind normalerweise arm, ihr traditioneller Beruf – Bootsleute und Fischer – bringt ihnen wenig Geld ein. Die mit der Zeit entstandenen Brücken über die Yamuna haben den Bedarf an der traditionellen Arbeit der Mallahs reduziert. Phoolans Vater, Devidin, den man als einen etwas einfältigen Mann von 56 Jahren beschreibt (weil er sich so oft ausnutzen ließ), verdiente den Lebensunterhalt als Landarbeiter bei einer Thakurfamilie und durch Seilbinderei in Heimarbeit. Sie wohnten in einer einfachen Lehmhütte, mit Blick auf die Yamuna und die wilden Schluchten. Die Kinder halfen beim Seilbinden mit. Phoolan interessierte die Arbeit wenig; sie zog gerne mit anderen Kindern aus, um mit ihnen in den Schluchten zu spielen oder nach Fischen zu schauen. Sie besuchte keine Schule, ebenso wie ihre anderen drei Schwestern. Zwei Schwestern wurden so wie sie früh verheiratet;

der jüngsten, einem hübschen Mädchen von acht Jahren mit langen Zöpfen, wird es wahrscheinlich nicht anders ergehen. (Sie kam weinend in das Zimmer hineingeplatzt, als ich bei Phoolan Devi saß; sie hatte gerade im Nebenzimmer mit anderen Besucherkindern gespielt und gestritten. Phoolan stand im Nu auf und ließ eine richtige Schimpftirade auf sie los. Als das kleine Mädchen merkte, daß Besuch im Zimmer war, wurde sie ganz still und starrte mich mit großen, eingeschüchterten Augen an.)

Phoolans Bruder, Shiv Narain, war der einzige in der Familie, der die Schule besuchen durfte, und Phoolan war ganz stolz darauf. Es war normal: Mädchen heirateten und Jungs durften, wenn die Eltern das nötige Geld dafür sparen konnten, die Schule besuchen. "Ich habe ja nichts gelernt", sagt sie dumpf. Damals hatte sie das akzeptiert. Sie hatte keine andere Welt gekannt als die ihrer Eltern und die ihres Dorfes. Heute, nachdem sie seit ihrer Kapitulation so vielen Menschen aus einer ganz anderen, städtischen Welt begegnet ist, hat sie auch andere Lebenswege kennengelernt.

Einige Reporter hatten berichtet, wie Phoolan Devi sich neugierig nach ihrem Beruf und ihrem Verdienst erkundigt hatte. "Wieviel verdienen Sie bei Ihrer Zeitung?", hatte sie den Korrespondenten der *Times of India*, N.K. Singh, nach seinem Interview gefragt. Als er ihr sagte, daß er ca. 2000 Rupien im Monat verdiene, ließ sie das schnell von ihrem *munshi* (Schreiber) auf den täglichen Verdienst umrechnen. "Sechzig Rupien am Tag", rechnete der *munshi* aus. "Ich hätte auch so viel wie Sie verdienen können, wenn ich in die Schule gegangen wäre und etwas gelernt hätte", stellte sie fest.

Sie fragt mich, ob ich etwas gelernt habe. Als ich ihr antworte, daß ich an der Universität studiert habe, schaut sie schweigend vor sich hin. Ein Mitglied ihrer Bande hatte ihre Briefe für sie geschrieben und ihr all die Zeitungsnachrichten über sie vorgelesen. Auch ihr Freund Man Singh kann nicht schreiben.

Mit elf Jahren war sie schon eine Ehefrau gewesen! Sie sollte nach der Ehezeremonie noch für ca. drei Jahre bei den Eltern bleiben. Erst nach ihrer ersten Blutung, wenn sie körperlich eine Frau geworden war, sollte Putti Lal Phoolan zu sich holen. (Diese Sitte einer frühzeitigen formellen Ehezeremonie mit späterer Weggabe der Frau ist in den Dörfern Zentralindiens üblich; es ist auch ein Weg, die Gesetze gegen Kinderehen zu umgehen.) Putti Lal machte aber schon drei Monate nach der Vermählung sein Recht geltend. Er brauchte eine Köchin, die Hausarbeit wartete; dafür hatte er schließlich geheiratet. Phoolan kam also mit elf Jahren ins Haus ihres Ehemannes, sorgte für seinen Haushalt und überließ ihm ihren Körper.

Sie war unglücklich bei ihm. Sie stritten viel miteinander, er schlug sie regelmäßig und mißhandelte sie. Phoolan, die auch heute noch sehr an ihrer Familie hängt, lief von ihm weg nach Guda ka Purwa, als ihre Mutter einmal krank darniederlag.

Mit schalkhaften Augen erzählt sie, wie sie sich später an ihm rächen wollte und ihre Mitgift – Kochutensilien u.a., die ihre Eltern ihr zur Hochzeit mitgegeben hatten – zurückholen wollte. Das sprudelte unaufgefordert aus ihr heraus. Ihre Bande umzingelte sein Haus und sie gingen hinein. Zunächst war er nirgendwo auffindbar. Nach einiger Suche fanden sie ihn an einer völlig unerwarteten Stelle. Er hatte sich vor Angst in der Weizenkammer inmitten des Weizens eingegraben, nur sein Kopf schaute heraus. Sie holten ihn am ganzen Leibe zitternd heraus, ließen ihn aber laufen. "Er wäre nicht nur mit einem Schrecken davongekommen, wenn Vikram (Phoolans früherer Banditenkompagnon) sie nicht zur Vernunft gemahnt hätte", meinte Lakhan Singh dazu.

(Lakhan Singh hatte zwischendurch einiges auf Hindi für mich wiederholt. Phoolan spricht eine Mischung aus *bundelkhandi* und *bhojpuri*, einen Mischdialekt ihrer Gegend; ich konnte nicht alles genau verstehen und bat ihn, es mir auf Hindi zu sagen.)

Es war nicht zu übersehen, daß Phoolan es genoß, Ereignisse aus ihrem Leben zu erzählen, bei denen sie auf harmlose Weise die Oberhand über ihre persönlichen Widersacher gewann. Ihre Stimme änderte sich dann, sie sprach lauter, lebhafter, setzte sich aufrecht auf die Knie. Fragte ich sie nach den unglücklichen Situationen in ihrem Leben, kamen die Antworten mit belegter Stimme heraus. Daran wurde sie nicht gern erinnert. Sie hatte nicht die geringste Spur von Gesprächsgeschliffenheit, bei der gekonnt gelächelt wird, obwohl es schmerzt, und eine mitleidsvolle Miene zurechtgelegt wird, auch wenn es innerlich vor Schadenfreude jubelt.

* * *

Die unglückliche Geschichte ihrer Ehe war bekannt. Putti Lal, ihr Ehemann, zeigte wenig Liebe und wenig Verständnis für seine Kind-Braut. Er mißhandelte und schlug sie. Sie hielt es mit ihm nicht aus. Sie lief zurück zu ihren Eltern. Das war eine große Last für die Familie. Putti Lal hatte Phoolans Mitgift einkassiert, und sie war mit leeren Händen zurückgekommen – noch dazu mit einem schlechten Ruf. Eine Frau, die von ihrem Mann zu ihrer Familie zurückkehrt, ist immer ein Schandfleck für den Familiennamen. Das ist ein gewaltiger Schritt, der die Lebenschancen einer Frau einengt. Schon geht das Raunen los in der Nachbarschaft – "Die ist schon zurück . . . er hat sie ganz schön zusammengeschlagen, aber sie war zu hartnäckig . . . kann keine Kinder kriegen, das Unglücksding, unter was für einem Stern muß sie geboren sein . . . wer hätte es denn mit ihr ausgehalten . . . die ist eine schnelle, schaut sich jeden Mann an . . ." Und so geht es weiter. Die eigene Familie und dann die Familie des Mannes, das sind die zwei Stationen im Leben einer Frau. Respektable Alternativwege dazu gibt es nur für wenige.

Putti Lal wollte Phoolan auch nicht mehr zu sich zurücknehmen. Er kündigte seine Ehe mit ihr auf und heiratete ein drittes Mal. Phoolans Eltern hätten gern eine zweite Ehe für ihre Tochter arrangiert. Diesmal widersetzte sie sich aber. Die Dorf-*panchayat* (eine Art Dorfrat, eine gewählte Versammlung), deren Entschlüsse und Beschlüsse für die Dorfbewohner maßgebend sind — sie stellt eine Form der Basis-Demokratie dar, die allerdings durch das Kastensystem völlig unterhöhlt ist —, diese Dorf-*panchayat* gab den Rat, daß Phoolan im Haus ihres Onkels untergebracht werden sollte, wo sie dann auch für vier Monate wohnte.

Ihr Onkel Gurudayal, der ältere Bruder ihres Vaters, war einer der reicheren Mallahs in Guda ka Purwa. Der stärkere Zweig der Großfamilie hatte die Pflicht, die Schwächeren zu stützen. Das lief nicht ohne Konflikte, sie war wenig erwünscht in der Familie des Onkels, der eine eigene Familie hatte, einen Sohn, Mayadin, dessen Frau und ihre Kinder. Phoolan mußte sich im Haushalt verdient machen und akzeptieren, mehr oder weniger grob wie eine Dienerin herumkommandiert zu werden. Sie mußte sich damit abfinden, hin und her geschoben zu werden und überall zu erfahren, daß sie unerwünscht war. Wo konnte sie denn überhaupt hin?

Zwischen Phoolans Vater und ihrem Onkel lief inzwischen ein Rechtsstreit über ein größeres Stück Land. Es ging um das Erbe von 40 Bighas Land (1 Bigha ist 5/8 Morgen). Phoolan machte sich vor der Dorf-*panchayat* für das Recht ihres Vaters stark und zog damit noch mehr Feindseligkeiten auf sich. Ihr Vater verlor den Rechtsstreit; er hatte womöglich nicht genügend Geld gehabt, um sich die Gunst der Rechtsvermittler erkaufen zu können. Er erhielt nur 2 Bighas Land, während sein älterer Bruder 38 Bighas zugesprochen bekam.

Bei den Feindseligkeiten zwischen den zwei Brüderhäusern tauschten auch die Kinder Gehässigkeiten aus. Mayadin, ihrem Cousin, war Phoolan ein Dorn im Auge; anstatt sich bescheiden und dankbar zu zeigen für ihre Aufnahme in dem Haus seines Vaters – seinem Zuhause –, hatte sie sich auch noch erdreistet, ihm sein Erbe streitig machen zu wollen. Sie hatte seine Männlichkeit gekränkt. Er wollte sie kleinkriegen.

In solchen patriarchalischen Dorfgemeinschaften wie Guda ka Purwa ist es nicht schwer, den Ruf einer Frau zu verderben. "Die kann man leicht rumkriegen", braucht ein Mann nur mit triumphierendem Lächeln zu erzählen, und die Frau wird schnell grob beäugt.

Die Sexualmoral verbietet der Frau jegliche erotisch-geschlechtliche Beziehung außerhalb der Ehe, und die Männer halten Ausschau, wo es vielleicht doch laufen könnte. Nachpfeifen, anzügliche Bemerkungen, Hinterherlaufen sind die bekannteren Provokationsversuche. Phoolans Status als zurückgewiesene Frau hob sie geradezu als Versuchsobjekt der Dorf-Lüstlinge hervor.

Phoolans Cousin Mayadin wird es auf jeden Fall ein leichtes gewesen sein, ihr den Ruf einer Frau von schlechtem Charakter anzuhängen. Er schlug sie zusammen und warf ihr vor, daß sie eine heimliche inzestuöse Beziehung mit seinem Sohn Indrajit hätte anbahnen wollen; er hätte eine giftige Schlange im eigenen Haus ernährt.

Der Sohn des *sarpanch* (Haupt der Dorfversammlung), Sokhchand, fühlte sich auch ermuntert, mit Phoolan anzubandeln. Sie antwortete mit einer Ohrfeige; er, aufs äußerste gekränkt durch diese Erniedrigung, schlug auf sie ein mit seinen Schuhen. Die inzwischen um sie versammelten Dorfleute versuchten ihn zurückzuhalten; er, wutschnaubend, rechtfertigte sich vor den Leuten – die kleine Hure hätte ihm die Hand festhalten wollen! Was immer auch wirklich passiert sein mag – Mayadin, ihr Cousin, und Sokhchand, der Sohn des *sarpanch*, das waren zwei Namen, die Phoolan in ihren Interviews immer wieder genannt hat als die jener Männer, die ihr Leben ruiniert hätten.

Phoolan war unglücklich, aber sie war nicht mehr bereit,

ohne zu mucksen alles mit sich geschehen zu lassen. Sie legte sich auch noch mit der Tochter des *pradhans* (Dorfvorsteher) an, die über sie gelästert hatte, und es gab eine Prügelei. Mit ihrer Unbeherrschtheit und unliebsamen Widerborstigkeit hatte sie sich allmählich viele Feinde im Dorf gemacht. Sie sollten später als erste Anzeige bei der Polizei erstatten.

Es wurde für sie unmöglich, im eigenen Dorf zu bleiben. Sie ging von Guda ka Purwa weg und kam im Haus eines Verwandten in Tyoga – auch der Mallah-Kaste zugehörig – auf der anderen Seite der Yamuna unter. Die Dörfer der Mallahs liegen alle nah beieinander auf beiden Seiten des großen Yamuna-Flusses. Bei irgendeinem Zweig des Familienclans mußte sie schließlich Zuflucht finden können. Hier in Tyoga soll sie angeblich einen Mann namens Kailash kennengelernt haben, der Kontakte zu den Banditen hatte. Kailash war auch ein Mallah, aber er kannte eine andere Welt als die des Dorfes, aus der Phoolan langsam herausgedrängt worden war. Er arbeitete zu der Zeit anscheinend als ein Informant für eine Gang von Banditen, zu der auch Vikram Mallah gehörte. Mit Vikram Mallah zusammen wurde Phoolan später Anführerin einer Banditenbande.

Unter den Banditen

Gerade, was ihre erste Begegnung mit den Banditen angeht, darüber zirkulieren viele Versionen: Sie habe die Banditen bei ihrem ersten Gefängnisaufenthalt kennengelernt, später hätten die Banditen sie entführt; sie habe die Banditen bei Kailash kennengelernt und sei später selbst zu ihnen gelaufen; Kailash habe sie seinem Banditenfreund Vikram als Gefälligkeit überlassen ... Es ist nicht weiter erstaunlich, daß man den Beginn nicht wirklich erhellen konnte. Solche Kontakte sind geheimer Natur; Phoolan hatte wenig Interesse, die näheren Details offenzulegen.

Als ein Journalist sie nach ihrer Beziehung zu Kailash fragte, wollte sie lieber schweigen. "Er lebt jetzt als ehrbarer Mensch", meinte sie und wollte seinen Namen aus der Geschichte herauslassen. Mit Kailash hatte sie eine längere Beziehung und sie lebten zusammen. Es hieß, beide wären nach Kanpur (der nächstgrößeren Stadt) gegangen und hätten dort standesamtlich geheiratet. Wie sehr Phoolan Devis Geschichte inzwischen zu einer Mischung aus Phantasie und Realität geworden war, merkte ich deutlich, als ich mit einem Journalisten sprach, der ihre Dorfgegend kurz nach den Behmai-Morden besucht hatte. Er hätte mit Phoolan Devis Cousin gesprochen, sagte er mir, dem Cousin, mit dem sie nach Kanpur weggelaufen sei, um ihn dort heimlich zu heiraten. Nach der phantasievollen Erzählung dieses Cousins hatte Phoolan ihn eines Tages verführt:

"Er war gerade dabei, sich am Ufer der Yamuna zu waschen, als sie dazu kam und in seiner Nähe, wo er sie gut sehen konnte, auch mit ihrem Waschritual anfing. Nach einer Weile kam sie zu ihm hinüber und fragte ihn, ob er nicht ein Stück Seife für sie habe. Er gab ihr die Seife, sie nahm sie und fing vor ihm an, ihr Baderitual fortzusetzen. Ob denn das nicht eine Einladung gewesen sei . . . ?"

Der Journalist, der mir diese Geschichte erzählte, machte mir nicht den Eindruck, als ob er sich Gedanken darüber gemacht hätte, ob eine solche Erzählung nicht vielleicht zum größeren Teil Produkt der Pantasie dieses "verführten" Cousins war.

Ich sagte ihm, ich wüßte nicht, ob ich diese Geschichte glauben sollte. Es könnte doch durchaus eine reine Männerphantasie sein. Er zögerte und sagte, ja natürlich, es könnte sehr viel Männerphantasie im Spiel gewesen sein. Später war ich mir nicht ganz sicher, um wessen Phantasien es sich gehandelt hatte, um die des Cousins oder die des Journalisten . . .

Phoolan machte ihre erste bittere Erfahrung mit der Polizei im Jahre 1978; sie bedeutete eine entscheidende Wende in ihrem Leben. Das Haus ihres Onkels, in dem sie einige Zeit gelebt hatte, wurde von Banditen überfallen. Mayadin, Phoolans Cousin, der schon seit je eine Animosität gegen sie hegte, zeigte sie bei der Polizei wegen Komplizenschaft bei dem Raubüberfall an. Die Dorf-*panchayat* unterstützte seine Anklage, und Phoolan wurde nach Kalpi in Untersuchungshaft gebracht, wo sie drei Tage lang festgehalten wurde. Im Januar 1979 wurde sie von einem Gericht in Auriya zu einer Gefängnisstrafe verurteilt. Nach 20 Tagen Haft kam sie auf Kaution frei.

In Kalpi und Auriya wurde sie angeblich von der Polizei mißbraucht und vergewaltigt. Wer konnte so etwas später nachprüfen? Wer hätte Interesse daran gehabt, die Sache in der Öffentlichkeit auszutragen und Partei für eine Frau zu ergreifen, die eh schon der Komplizenschaft mit Banditen beschuldigt wurde? Vergewaltigungen sind in Indien aufgrund der strengen Sexualmoral eine Art Brandmal der Frau.

Für Phoolans Vater war es schwer genug, von den Thakurs, für die er arbeitete, das Geld für ihre Kaution zusammenzubekommen. Es war das erste Mal, daß Phoolans Name polizeilich in Verbindung mit Banditen gebracht wurde. Viele Berichte darüber legten nahe, daß Mayadins Beschuldigung durch erfundene Behauptungen gestützt war; aus Rache an Phoolan, die für das Erbrecht ihres Vaters gekämpft und weder Mayadins Männlichkeit noch seine Autorität als Mann des Hauses anerkannt hatte. Es wäre nicht das erste Mal gewesen, daß jemand durch eine falsche Beschuldigung polizeilich verfolgt wurde. Ein großer Teil der Banditen konnte auf solche Geschichten zurückblicken als Auslöser ihrer Karrieren.

Wie auch immer, wenn Mayadin eine Rache gewollt hatte, war es ihm gelungen, Phoolan völlig aus dem Dorf herauszudrängen. Kurz nachdem sie gegen Bürgschaft aus dem Gefängnis herauskam, verschwand sie. Geflüchtet, untergetaucht. Mit den Banditen weggelaufen, sagten die einen.

Von den Banditen Vikram Mallah und Babu Gujar entführt worden, sagten andere.

* * *

"Wie wurdest du ein *dacoit*?", das war die Frage, die Phoolan Devi immer wieder nach ihrer Kapitulation im Februar 1983 gestellt wurde. In einem der ersten Interviews mit einem Korrespondenten der Zeitschrift *India Today* erzählte sie von dem Raubüberfall im Haus ihres Cousins, der Anklage gegen sie und der Gefängnisstrafe: "Nachdem ich aus dem Gefängnis herauskam, war ich verbittert. Ich wollte Rache nehmen. Ich traf Babu Gujar und Vikram. Ich lebte mit Vikram. Er nahm mich zu sich." Der Reporter hatte es genauer, differenzierter wissen wollen. Er bohrte nach: "War es aus Rache wegen des Unrechts oder war es wegen deiner Verbindung zu Vikram, daß du Banditin wurdest?", fragte er. Phoolan reagierte unwirsch: "Warum soll ich all diese dummen Fragen beantworten? Geht weg!"

Grund zur Verbitterung hatte sie genug. In ihrem Gesicht hatte diese Verbitterung schon Spuren hinterlassen, das konnte man sehen, wenn man Phoolan näher anschaute, auf Fotos und in der Wirklichkeit. Manchmal drückte ihr Mund Ekel aus, Ekel vor den anderen und Ekel vor sich selbst. Sie klagte niemanden an, bedauerte sich selbst nicht; das Leben war so, sie mußte für sich selbst auf brutale Weise kämpfen, das hatte sie akzeptiert.

Eine möglicherweise falsche Anklage hatte ihr eine Gefängnisstrafe und Vergewaltigung durch die Polizei eingebracht. Schon vor ihrem Gefängnisaufenthalt hatte man sie traktiert; jeder wollte sie loswerden. Inzwischen hatte sie auch noch den Stempel einer Kriminellen. Jetzt konnten alle mit der Hand gegen den Mund schlagen und sie damit guten Gewissens als *badmashin* (Frau mit schlechtem Charakter) schmähen. Ich höre schon, wie der Dorfklatsch eine Geschichte nach der anderen ausgespuckt haben muß:

"Diese *badmashin*! Keine Scham hat die gekannt! Gott rette uns vor der! Die hat ja ihren eigenen Onkel bestohlen! Ihr Mann hat sie ja gleich nach Hause geschickt! Ist ja nur gut, daß die mit den Banditen weggelaufen ist! Was hatte sie hier noch zu suchen! . . ."

Und tatsächlich, wer hätte sie noch gerne zu sich genommen? "Vikram nahm mich zu sich", hatte sie in dem Interview gesagt. So einfach war das. Phoolan war sicher kein Unschuldsengel; aber wer kommt denn auf die Welt, um als Engel zu leben? Sie hatte ihr Schicksal nicht einfach akzeptiert, sich geweigert, alles mit sich geschehen zu lassen. Sie hatte zu wenig Ehrfurcht und mehr Lebenswillen gezeigt, als die Dorfmoral es ihr erlaubte – das Dorf bestrafte sie und schloß sie immer mehr aus. Jeder Schritt auf das Leben zu war eigentlich ein Schritt weg vom akzeptierten Dorfdasein gewesen. Weg von einem Leben in der Ehe, weg von dem knechtischen Leben einer zurückgewiesenen Frau, weg vom Schutz der Familie, weg vom Schutz der Dorfsozietät, der Polizei, des Gesetzes.

Jenseits des Dorfzusammenhangs hatte sie vielleicht noch die Möglichkeit des Selbstmords oder der Prostitution. Die Flucht in das Banditentum war – wenn auch seltener für Frauen – eine weitere traditionell anerkannte Alternative. Als Banditin hatte sie die Möglichkeit, sich zu rächen und in den Augen der Gemeinde zu rehabilitieren. Mit ihrem Gefängnisaufenthalt hatte sie sich für das exterritoriale Leben der *dacoits* qualifiziert.

* * *

In einem Bericht des Bhind-Morena-Komitees zur Untersuchung von Verbrechen Anfang der fünfziger Jahre hieß es: "Die Flucht in die Schluchten, obwohl nicht in den Tabellen der Volkszählung aufgelistet, scheint in diesem Teil des Landes fast eine für sich berechtigte und anerkannte Berufsart zu sein. Die Zahl derjenigen, die in den Schluchten untertauchen, ist groß. Die Menschen hier sind von einer schnell entflammbaren Natur. Mord als Rache ist ein Teil der Spielregeln ohne irgendein Gefühl der Sünde. Um den Armen des Gesetzes zu entkommen, taucht der Mörder unter und muß aus der Not der Selbsterhaltung eine Karriere als Verbrecher ergreifen. Es folgt dann von selbst, daß Polizeiinformanten getötet werden müssen, auch als eine Warnung an alle, die mit dem Gedanken spielen könnten, der Polizei helfen zu wollen. Das Ende der Gefängnishaft oder die Freisprechung von einem Gericht ist nicht selten das Signal für Rache an den Zeugen der Anklage. Verwandte und Kastenangehörige des Banditen sehen seinen Fall als einen unglücklichen an, aber nicht als etwas, für das man sich schämen müßte."

Die Schluchten des Chambal-Tals, die eine Art *dakudesh* (Banditenland) bilden, sind eine der wildesten Landschaften Indiens. Gelbbraune, ausgezackte Hügellabyrinthe strecken sich meilenweit aus. Ihre Seiten, stark abgetragen durch die Erosion, fallen steil nach unten ab und bilden tief zerklüftete Schluchten und Katakomben. Diese Schluchtengegend, die sich um die großen Flüsse Chambal, Yamuna, Kunwari und Sindh ausbreitet, ist streckenweise nur mit knorrigen Büschen gesprenkelt. Es ist eine Landschaft der Erdlabyrinthe, in der nur diejenigen sich zurechtfinden können, die sie sehr gut kennen; ein wahrhaftes Refugium für die Outlaws, die diese Gegend zu einem eigenen Territorium gemacht haben.

In einer dieser Banditengangs von der Yamuna-Gegend, in der Bande von Babu Gujar und Vikram Mallah, wurde Phoolan Devi in das Leben der Banditen eingeführt. Zunächst als "die Frau des Bandenchefs", die nicht aktiv teilnahm an den Überfällen der Bande, dann mit eigenem Gewehr. Ihre Haare wurden kürzer geschnitten, sie legte den Sari ab – die äußerlichen Embleme des traditionellen indischen Frauendaseins – und trug Männerkleidung, die Khaki-Jacke der Polizeiuniform und Jeans. (Die Polizeiuniform ist das gängige Tarnungsmittel der Banditen; zugleich drückt

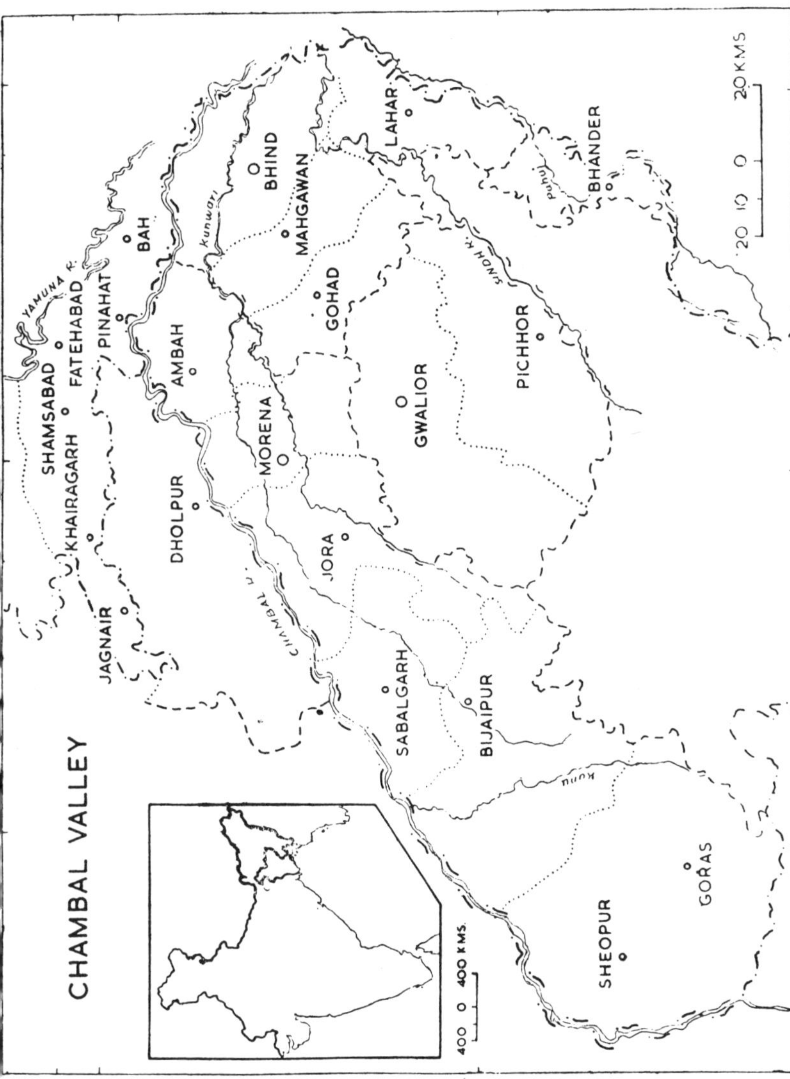

Das Chambal-Tal

es aus, daß die Banditen für sich in Anspruch nehmen, auf ihre eigene Art nichts Geringeres als die offiziellen Gesetzeshüter zu sein). Phoolan lernte schießen. Ihre Handgelenke sind so schmal, daß man ihr nicht zutraut, überhaupt ein Gewehr festhalten zu können.

Zu Beginn war Babu Gujar der Bandenhäuptling. Es war eine Gruppe von Leuten sehr gemischter Kastenherkunft – außer Vikram Mallah (Phoolans Kaste) gehörten ihr auch Lala Ram Thakur und Shri Ram Thakur (Phoolans spätere Peiniger und Feinde) an. Babu Gujar gehörte der Kaste der Gujars (Bauern und Viehhirten) an. Als Haupt der Bande nahm sich Babu Gujar das Vorrecht auf Phoolan. Sie war nicht als die Frau eines Banditen zu der Bande gekommen, sondern als freie Beute. Sie wurde seine privilegierte "Gefangene", er "schützte" sie vor den anderen.

Von seiner Sexualgier gibt es unzählige Geschichten: Wie er deswegen aus der Gang des Banditen-"Herrschers" Malkhan Singh ausgeschlossen wurde, wie er vor den Augen seiner Männer seine Sexuallust mit Phoolan befriedigte und wie er bei seinen Überfällen Frauen vergewaltigte. Ein Riese von einem Mann mit großer Essenslust und großer Sexualgier. Einer, der seine körperliche Kraft vor anderen – Männern und Frauen – immer wieder beweisen und zur Schau stellen mußte. Die Legendenbildung hat ihn stark mit den Zügen der *rakshasas* ausgemalt. Die *rakshasas* bilden ein dämonisches Geschlecht, das in der indischen Mythologie das Böse sinnlich verkörpert; sie kennen keine Moral und kein Mitleid. Mit Fressen und Frauen und Töten verbringen sie ihr Leben. Etwas von einem solchen *rakshas* ist in das Bild von Babu Gujar eingeflossen.

Babu Gujar war anscheinend nicht sehr beliebt in seiner Gang. "Niemand mochte ihn besonders", sagte Phoolan. Zwischen Phoolan und Vikram dagegen hatte sich eine intime Zuneigung entwickelt; für Vikram wurde der ältere Bandenchef damit zugleich zu einem Sexualrivalen. Vikram ergriff eines Tages die Gelegenheit, den verhaßten Babu Gujar zu erschießen – in der Nähe eines Tempels der Göttin Kali, um die vier Kilometer entfernt von Auriya. Das war am 20. Juli 1979. Eifersucht und Haß auf Babu Gujars exhibitionistische Besitzergreifung von Phoolan, einer Frau, die seiner eigenen Kaste angehörte und die er selbst begehrte, und der Wunsch, sich selbst – mit Phoolan an seiner Seite – als Bandenchef zu sehen, mögen Vikram Mallah zu dem Mord an Babu Gujar getrieben haben.

Rache aus Ehre

Die neue Gang, die jetzt entstand, wurde als die Vikram-Phoolan-Bande berüchtigt. Einige der Gang-Mitglieder – Shri Ram Thakur, Lala Ram Thakur, ihre Freundin Kusuma Nain – wollten den jüngeren Vikram Mallah nicht als Haupt anerkennen. Sie trennten sich von ihm und bildeten eine eigene Bande. In den Dschungeln und Schluchten, wo die Banditen sich herumtreiben müssen, gibt es eigene Macht- und Überlebenskämpfe. Divergierende Lebensanschauungen, Kastenzugehörigkeit, Streitigkeiten über Beuteanteile, Schußgefechte mit der Polizei sorgen dafür, daß die Bandenkonstellationen stark fluktuieren; Gruppen spalten sich und setzen sich neu zusammen – andere Anführer kommen an die Macht. Ein gewaltenthemmter Mikrokosmos der Machtkämpfe draußen. Mit Vikram Mallah, dem sie sich eng verbunden fühlte, fing Phoolan ihr Leben als aktive Banditin an. Als mitanführende Frau des Bandenchefs genoß sie zum ersten Mal in ihrem Leben den Respekt anderer Männer – der 25 bis 30 Mitglieder ihrer Bande. Sie war jetzt bei den Raubüberfällen und Operationen der Gruppe dabei. Der erste große Raubüberfall, an dem sie aktiv teilnahm, war im Dorf Deokala; die Bande nahm Schmuck, Geld und Gewehre mit. In der Polizeistation Kalpi wurde am 15. August 1979 (Jahrestag der Unabhängigkeit Indiens) ein Such- und Haftbefehl gegen Phoolan Devi ausgestellt. Damit begann ihre harte Karriere als gesuchte Banditin des zentralindischen Staates Uttar Pradesh.

Sechs Monate später, am 26. Januar 1980 (Gründungstag der indischen Republik), wurde Phoolans Name wieder in der Kalpi-Polizeistation registriert. Beschuldigt des Mordes an Mansukh Mallah aus dem Dorf Dharampur. Angeblich aus Rache. Mansukh Mallah soll bei der ersten Verhaftung von Phoolan am 6. Januar 1978 eine heimtückische Rolle gespielt haben. Es war das erste Mal, daß eine Mordbeschuldigung gegen Phoolan polizeilich registriert wurde; das erste Mal, daß ihre Rache einen Menschen der eigenen Kaste traf.

Ein reicher Thakur aus dem Dorf Khandgoy, Bajatar Vallabh, war das nächste Opfer der Vikram-Phoolan-Bande. Bei diesem Raubüberfall, bei dem die Banditen eine reiche Beute davontrugen, wurde Vallabh niedergeschossen. Bajatar Vallabh war ein Verwandter der Thakur-Brüder Shri Ram und Lala Ram, die früher unter der Führung von Babu Gujar mit Vikram Mallah zusammengearbeitet hatten. Der Mord des Verwandten Vallabh Thakur durch die Mallah-Bande, angeführt von Vikram und Phoolan, mußte ein großes Ärgernis für die Thakur-Brüder sein, eine Mißachtung und Herausforderung ihrer Macht.

Die Banditen Zentralindiens, die ihre eigenen Gerechtigkeitsvorstellungen haben, zögern nicht, auch Frauen und Männer ihrer eigenen Kaste umzubringen: mit Polizeiinformanten und Kastenangehörigen, die Unterstützung verweigern, gehen die Banditen hart um. Eine Landstreitigkeit, wie die zwischen Phoolans Vater und ihrem Onkel, hätte auch schon mit einem Rachemord enden können, wenn Phoolan und ihre Schwestern nicht Frauen, sondern Männer gewesen wären. Die Thakur-Brüder, mit denen sich Phoolan und Vikram Mallah verfeindeten, hatten selbst wegen eines solchen Streits einen Thakur-Vetter ermordet und waren daraufhin in die Schluchten geflüchtet. Aber die Kastensolidarität und die Kastenhierarchien wiegen so stark, daß es zu einer gravierenden Herausforderung von Macht und Ehre wird, wenn die Kasten unten es wagen, die Kasten oben anzugreifen. Wenn Mallahs Thakurs umbringen, wird das als ein Angriff gegen die Macht der Thakurs angesehen; wenn Thakurs Mallahs umbringen und malträtieren, regt man sich nicht allzusehr darüber auf; es gehört zur Ordnung der Dinge. Phoolan und Vikram Mallah hatten tödliche Zeichen gesetzt, die klar machten, daß sie nicht bereit waren, diese Ordnung zu akzeptieren. (Selbst von polizeilicher Seite wird es als Ausdruck von Phoolans Qualitäten bewertet, daß sie Männer aus höheren Kasten – wie Tomars und Yadavs – in ihrer Bande anführen konnte.) Sie hatten nicht nur gesetzlos gehandelt, schlimmer noch – in den Augen der Thakurs – sie hatten gegen die festen sozialen Hierarchien gehandelt.

Für die Thakur-Brüder waren die Vikram-Phoolan-Leute eine Bande von Emporkömmlingen, der eine Lektion erteilt werden mußte. In einigen Berichten heißt es, daß die Polizei die Feindschaft mitanschürte. Als die Thakur-Brüder einmal in die Hände der Polizei gerieten, soll die Polizei eine Abmachung mit ihnen getroffen haben, um die Phoolan-Bande zu erledigen. Die Thakurs wurden freigelassen und machten sich stark in den Dörfern unter dem Schutz der Polizei. Sie übernahmen praktisch die Funktionen der Dorf-*panchayats*, hatten Entscheidungsmacht bei Dorfstreitigkeiten. Für das Leben der Mallahs sollte das zu einer einzigen Tyrannei werden. (Phoolan kann auch heute noch nur mit vehementem Haß von diesen Thakurs sprechen.)

In einem Interview mit *Probe India* (März 1983) sagte sie: "Die Polizei von Uttar Pradesh war im Bündnis mit Shri Ram und Lala Ram, um mich und meine Männer töten zu lassen. Es war ihr Plan, mich von beiden Seiten einzukreisen – von der einen Seite die Thakur-Bande und von der anderen Seite die Polizei."

"Warum sollte die Polizei die Hilfe der Thakurs annehmen?" fragte *Probe India*.

"Warum schweigt denn die U.P.Polizei über den Terror, den Lala Ram und Shri Ram in der Jalaun-, Etawah- und

Kanpur-Gegend losgelassen haben?" fragte Phoolan.

"Aber warum sollten Lala Ram und Shri Ram der Polizei helfen?"

(Sie lacht.) "Sie machen Geld und teilen Geld aus. Sie helfen Banditen auf der Flucht, fordern einen Preis dafür und teilen die Summe mit der Polizei."

Lala Ram und Shri Ram Thakur hatten auch eine junge Frau in ihrer Gang, Kusuma Nain (aus der Kaste der Haarschneider und Masseure). Früher war sie zusammen mit den Thakur-Brüdern in derselben Gang wie Phoolan und Vikram Mallah. Beide Frauen verfeindeten sich miteinander. Als ich Phoolan Devi nach Kusuma Nain fragte, zog sie den Mund auf einer Seite verächtlich nach oben und sagte ohne Zögern: "Das ist eine schlechte Frau. Sie hat alle Männer umbringen lassen."

Es war kaum zu erwarten, daß Phoolan Devi irgendein rettendes Wort für die Thakurs und ihre vermeintliche Komplizin bei dem Mord an ihrem ehemaligen Freund Vikram Mallah übrig haben würde. Die meisten Frauen, meinte sie, seien gezwungen worden, Banditinnen zu werden, so wie sie selbst. Sie nannte einige Beispiele. Meera Thakur, die aus ihrem Dorf weggetrieben wurde, weil einige Moslems hinter ihr her waren; Maja, die auch aus ihrem Dorf herausschikaniert wurde. Nur Kusuma, betonte sie, sei aus freien Stücken zu den Banditen-Hunden Lala Ram und Shri Ram gegangen.

Nach Phoolan war Kusuma mitverantwortlich für den Mord an Vikram Mallah. Sie hätte nicht nur die Thakurs gegen sie und Vikram angestiftet, sie hätte auch noch Vikram mit Chloroform bewußtlos gemacht, damit die Thakurs ihn mit Leichtigkeit umbringen konnten.

Alle Zeitungsberichte und -reportagen hatten dieselbe Geschichte schon im Frühjahr 1981 erzählt. Die Thakur-Brüder erschossen Vikram Mallah am 13. August 1980 und nahmen Phoolan als Gefangene mit in ihr eigenes Dorf Behmai. (Die Polizei gab es zunächst als ihren eigenen Verdienst aus, Vikram Mallah erledigt zu haben, das war die übliche Praxis.) Behmai war der Stützpunkt der Thakur-Brüder; es liegt inmitten der einsamen Schluchtenlandschaft um die acht bis zehn Kilometer entfernt von Guda ka Purwa (Phoolans Dorf), auf der anderen Seite der Yamuna. In Behmai leben vorwiegend Familien der Thakur-Kaste; die Thakur-Brüder konnten ihrer Unterstützung sicher sein. Hier in Behmai, so wurde schaudernd erzählt, hatten die Thakurs Phoolan gefangengehalten und öffentlich mehrfach vergewaltigt und mißbraucht. Um die zweiundzwanzig Tage soll sie in dieser Thakur-Hölle gelebt haben, bis sie schließlich ihr Leben riskierte und eine Gelegenheit zur Flucht ergriff.

Nach einem kurzen Aufenthalt in Guda ka Purwa, wohin sie zunächst flüchtete, nahm sie wieder Kontakt mit den Banditen auf. Mit Man Singh Yadav, der bis heute ihr Banditengefährte geblieben ist, baute sie langsam eine neue Gruppe auf und plante ihre Rache. Man Singh Yadav ist heute sicherlich (außer ihrer Mutter noch) die einzige Person, zu der sie intimes Vertrauen hat. Woher sie die Kraft und Ausdauer hatte, wie sie es schaffte, nach dem Mord ihres engsten Freundes, nach den brutalen Vergewaltigungen, sich im Dschungel der Banditen für einen Rückschlag aufzuraffen, das scheint schier unfaßbar; ihre maßlose Erniedrigung als Frau hatte einen ebenso maßlosen Rachedurst in ihr erweckt und all ihre Überlebensinstinkte wachgerufen. Was ihr an menschlicher Würde genommen wurde, das ließ sich eigentlich durch keine Rache wiedergutmachen.

Viele schlossen sich ihrer neuen Bande an; andere Gruppen machten mit bei einzelnen Aktionen – die Gangs von Ramavtar Mallah, Raghunath Mallah, Balwan Gadaria, Jagram Chamar. Viele, die jetzt mit ihr gemeinsame Sache machten, waren aus ihrer eigenen Kaste. Auch der Bruder von Vikram Mallah, Rampal Mallah, war inzwischen in die Schluchten geflohen und schloß sich ihrer Bande an. Man konnte fast annehmen, daß der Mord an Vikram Mallah und ihre eigene Mißhandlung durch die Thakurs Clansolidaritäten mobilisierte, so daß sich viele mit Phoolan gegen die Thakurs verschworen. Mit dem berüchtigten Moslem-Banditen Baba Mustaqueem soll sie auch einige Zeit lang gemeinsame Wege gegangen sein.

Raubüberfälle, Morde und Entführungen begehend, zogen sie durch die Dorflandschaft Zentralindiens. Phoolan hatte keinen festen Unterschlupf wie die Thakur-Brüder in Behmai. Sie war viel in Bewegung, wechselte häufig ihr Quartier. Sie hatte ihr eigenes Netz von Informanten in den Dörfern, wußte, welche Dörfer und welche Häuser sie unterstützen würden und welche nicht. Für das Essen, für Versteckmöglichkeiten war der Rückhalt notwendig. Der Clan der Mallahs war natürlich ihre erste Stütze. Mit der Vergrößerung der Bande durch Angehörige anderer Kasten erweiterte sich auch das Netz der Fluchtpunkte; neue Kastenbeziehungen eröffneten den Weg zu neuen Stützpunkten.

Phoolans nächste Überfälle trafen alle die Thakurs. In der Nacht vom 22. September 1980 umzingelte ihre Bande das Haus des reichen Lallu Thakur Singh. Der Thakur erzählte später der Polizei, daß Phoolan Devi eine Polizei-Uniform trug und mit einem Megaphon Befehle gab: "Wir sind gekommen, um Thakur Lallu Singh auszurauben. Wer uns in den Weg kommt, wird erschossen. Ihr Thakur-Schweine, wir wollen keinen hier erwischen! Versteckt euch hinter euren Türen!"

Zu der Legende von Phoolan Devi gehörte mit der Zeit dieses Image der schnellen, uniformierten Frau, die mit einem Lautsprecher die übelsten Flüche brüllte, sich damit dem Dorf laut ankündigte und ihre geplanten Opfer bekanntmachte.

Im Dezember 1980 plünderte sie die Thakurs im Dorf Baijamau aus. Vikram Mallah war im August des Jahres 1980 vor Baijamau ermordet worden; ohne die stillschweigende Unterstützung der Thakurs dieses Dorfes wären Vikram und Phoolan nicht in diese Falle getappt. Dafür rächte sie sich an Baijamau.

Ihr größtes Verbrechen, durch das sie auf legendäre Weise berüchtigt wurde, war der Mord an den Thakurs in Behmai Anfang 1981; in diesem Zusammenhang hatte ich auch zum ersten Mal von ihr gehört. Bei Phoolan Devis Überfall auf Behmai, am Nachmittag des 14. Februar 1981, waren vier weitere Gangs mitbeteiligt. Die Bandenchefs Baba Mustaqueem, Rāmavtar Mallah, Balwan Gadaria und Raghunath Mallah hatten Phoolan bei ihrer Racheaktion unterstützt. (Nach manchen Berichten war Baba Mustaqueem selbst nicht dabei – nur seine Bande.)

Von Baba Mustaqueem, einem jungen Banditenanführer von damals 28 Jahren, sagte man, er habe Frauen nie belästigt, sondern ihnen immer geholfen, u.a. hatte er mit Geldgeschenken Eltern unterstützt, denen die nötige Mitgift für ihre Töchter fehlte. Ein moslemischer Retterprinz der Frauen auf dem Lande. Ein Mann, der Frauen vor den Lästerungen anderer schützt, ist schnell ein Held. Die Kastenzugehörigkeit von Frauen, von den Armen und den Ohnmächtigen war keine Barriere für die Hilfsbereitschaft dieses jungen Moslems. Ich habe nur gute Sachen über ihn erfahren.

Warum beteiligten sich diese bedeutenden Bandenchefs an dem Überfall in Behmai? Unter den Männern waren nicht nur Mallahs – bei denen konnte man annehmen, sie rächten aus Kastensolidarität den Mord an einem Mann ihres Clans, Vikram Mallah –, sondern auch Moslems aus der Mustaqueem-Bande, Männer der Gadaria- und Yadav-Kaste. War es eine Frage der Männerehre geworden, das schwerwiegende Verbrechen gegen Phoolan Devi zu rächen? Hatten die Thakurs das Maß der Toleranz so weit überschritten, daß sie sich alle an den Thakurs rächen wollten?

Was passierte, warum es passierte, liegt heute noch im Dunkeln. Alle indischen Zeitungen und Zeitschriften berichteten im Februar 1981 ausführlich von dem Überfall in Behmai. Man stellte sich den Überfall so vor:

Um die vierzig Männer, zusammen mit einer kleineren Frau, überquerten auf Booten die Yamuna und waren schnell über die Felder vor dem Dorf Behmai. Alle trugen Polizeiuniformen. Die kleinere Frau trug die Insignien einer Inspektorin auf ihrer Uniform. Unter ihrer Führung verteilten die Männer sich schnell im Dorf; ein Teil der Bande nahm Wachpositionen an verschiedenen Stellen um Behmai ein. Einige Kinder waren schon in das Dorf hineingelaufen: "Eine Polizeitruppe kommt!", warnten sie. "Eine Polizeiinspektorin ist mit dabei!" Die Ankunft der Bande war angekündigt – aber die Leute im Dorf wußten noch nicht, was auf sie zukam. Die Frau kam mit ihren Männern, ging geradewegs zum Haus des Dorfvorstehers, und kam auf dem Dach des Hauses wieder hervor. Aus einem Megaphon hörte man sie hinunterdonnern:

"Hört gut zu, ihr Dorfleute! Ich weiß, daß diese motherfucker Bastarde Shri Ram und Lala Ram hier sind! Wenn ihr sie versteckt, werden wir unsere Gewehre in eure Ärsche stecken und euch in die Luft jagen! Bringt euer Geld und euren Schmuck heraus! Ihr habt mich gehört! Ich bin Phoolan! Wenn ihr diese Schweinehunde nicht herausrückt, dann werden wir euch zu Brei machen!!" Um es klar zu stellen, daß es ihr ernst war, feuerte sie mit ihrem Gewehr in die Luft.

Die Leute im Dorf, in Schrecken und Panik, versuchten, sich in ihren Häusern einzuriegeln, doch die Banditen drangen ein auf der Suche nach dem Versteck von Shri Ram und Lala Ram. Die beiden waren jedoch nicht auffindbar. Nach Phoolans Informationen hätten die Brüder an diesem Nachmittag auf jeden Fall in Behmai sein müssen.

Ein anderes Mitglied der Bande, auch mit den Insignien eines Polizeiinspektors, schrie laut: "Kommt heraus, ihr Hunde! Heute ist unser Tag der Rache!" Einige Männer wurden vor dem Dorfbrunnen aufgestellt. Wieder Aufforderungen, Lala Ram und Shri Ram herauszurücken. Ein Teil der Bande war damit beschäftigt, Geld und Schmuck aus den Häusern herauszuholen. Wieder Drohungen: "Wollt ihr wie Hunde sterben? Bringt Lala Ram und Shri Ram her!"

Die Männer wurden vor eine Lehmwand gedrängt und bevor man wußte, was passierte, wurde eine Salve von Schüssen auf sie abgefeuert. Die Bande hinterließ zwanzig Tote. Lala Ram und Shri Ram waren nicht unter ihnen.

Daß eine "Mallahin" es wagen konnte, sich so an den Thakurs zu rächen, das hätten sie sich nicht träumen lassen. Es war womöglich das erste Mal überhaupt, daß die obere Kaste der Thakurs Opfer eines solchen Massenmordes durch eine niedere Kaste wurde. Die Rache der Sklaven und der Schwachen ist unsäglich — hat man immer wieder gesagt. Phoolan Devi, eine Frau und eine Mallahin war auf ihre Weise beides gewesen.

So erzählte die Phoolan-Legende von ihrem Überfall auf Behmai. Phoolan und ihre Bande gehörten jetzt zu der Liste der meistgesuchten Banditen in Uttar Pradesh.

Im Banne einer indischen Banditenkönigin

Korrespondenten und Journalisten, die zu dieser Zeit nach Behmai und Guda ka Purwa gefahren waren, alle schrieben darüber. Sie befragten Frauen und Männer in Behmai, sie sprachen mit Verwandten und Bekannten von Phoolan und mit Polizeibeamten. Alle berichteten mit etwas mehr oder weniger Phantasie davon.

Die Morde waren wirklich geschehen. Die als Ritual der Trauer rasierten Köpfe der hinterbliebenen männlichen Verwandten, die Klagen und Verwünschungen der Frauen, das war Realität. Aber wer Phoolan Devi war, woher sie kam, wo genau Behmai und wo Guda ka Purwa lag, das wußten wenige außer den direkt Betroffenen. Und warum denn überhaupt? Was hatte diese junge Frau zu einer solch grauenhaften Tat getrieben?

Ständig erschienen neue Berichte, neue Stories in den Zeitungen und Zeitschriften. Es gab kein Foto von ihr. Ein Künstler entwarf ein Phantombild — nach den Eindrücken derer, die sie gesehen hatte. Jeder konnte sein eigenes Bild von ihr entwerfen. Von ihrer Schönheit. Von ihren Männerfreundschaften. Von den sexuellen Ausschweifungen der Banditen. Von ihrem unglücklichen Leben und ihrer unmenschlichen Erniedrigung. Von ihrer maßlosen Rache.

Phoolan Devis Bande hätte zwanzig unschuldige Männer niedergeschossen, sagten die einen. Sie hätte sich die Gesichter ihrer Peiniger gut gemerkt, behaupteten andere, sie hätte die Männer gesucht, die sie während ihrer Gefangenschaft in Behmai vergewaltigt hatten. Das sei ihre Rache gewesen. Wenn Shri Ram und Lala Ram im Dorf gewesen wären zu der Zeit, wären statt zwanzig unschuldiger Männer nur die zwei Schuldigen umgekommen, bedauerten wiederum andere.

Die Thakurs aus Behmai und die Polizei ihrerseits wollten nur eins – den Kopf von Phoolan Devi. Mit 10.000 Rupien steckbrieflich gesucht, tot oder lebendig. Der Polizeieinsatz für die Jagd nach Phoolan Devi wurde sofort erweitert, um die 4000 bewaffnete Polizisten der P.A.C. (Paramilitärische Polizeitrupps) durchkämmten die Gegend, um die Entflohenen aufzuspüren. Hubschrauber überflogen die Gegend.

Nach ihrer Flucht aus Behmai, wo sie zwanzig Tote und eine Angstpsychose hinterließen (und von wo sie eine solch reiche Beute mitgenommen haben sollen, daß man nur annehmen konnte, es handle sich um eine sensationelle Übertreibung oder aber um die Beute einer vorangegangenen Plünderung durch die Thakurs selbst), nach ihrer Flucht aus Behmai spalteten sich die Banden in kleinere Gruppen. Das war die übliche Taktik, um die Suche der Polizei zu erschweren.

Innerhalb der nächsten drei Wochen hatte die Polizei kurz hintereinander zwei der mitbeteiligten Bandenanführer aufgespürt und niedergeschossen – Balwan Gadaria und Baba Mustaqueem. Ende April glaubten sie, auch Phoolan Devi endlich in die Falle locken zu können; es war aber die junge Meera Thakur, die Gefährtin von Balwan Gadaria, die zusammen mit fünf anderen niedergeschossen wurde.

Phoolan schien die legendäre Unverwundbarkeit der großen Banditenhelden zu besitzen. Selbst da, wo die Polizei sie angeblich fest umzingelt hatte, entkam sie wie durch ein Wunder. Mindestens dreimal saß ihr die Polizei im Nakken, in den Dörfern von Guloali, Madanpur und Chaurela. Das sind Dörfer, in denen es Familien gab, die ihr Unterschlupf boten. In Guloali hieß es, jemand hätte einen Aprilscherz mit der Polizei gemacht. Aber Phoolan verlor in dem Schußwechsel zwischen Polizei und Banditen drei Mitglieder ihrer damals fünfköpfigen Bande. Während die Polizei das Haus, in dem Phoolan sich aufgehalten hatte, noch weiter beschoß, waren Phoolan und Man Singh schon längst entflohen. Die Polizisten hatten geglaubt, Phoolan Devi halte sich noch in dem Haus auf – die Zurufe einer vermeintlichen Frauenstimme hatten sie irregeführt.

Nach einer anderen Version soll sie sich mit Sari-bedecktem Kopf unter die Frauen des Dorfs gemischt haben, noch bevor die Polizei das Haus erreichte. Wer hätte denn unter dem schamvoll bedeckten Kopf irgendeiner Frau aus dem Dorf Phoolan Devi vermutet! Phoolan und Man Singh hätten sich in einem Heuschuppen versteckt gehalten, erzählten andere. In Madanpur, wo Phoolan wieder der Polizei entkommen konnte, hieß es, Phoolan habe mit einem Katzensprung über die Wand im Hinterhof des Hauses die Polizei überlistet.

Von ihrem Wagemut und ihrem Witz wurden viele Geschichten erzählt. Mit der Polizei dicht auf den Fersen soll sie mit ihrem Megaphon in lautem Singsang gerufen haben: "Herr Wachtmeister, wenn Euch der Mut fehlt, kommt und zieht meine Armringe an; wenn Ihr keine Geschosse habt, kommt und holt sie von mir!"

Und als der Polizeitrupp sie von hinten einzukreisen versuchte: "Warum so still, Herr Wachtmeister? Sprecht doch ein wenig! Schießt doch ein wenig!"

Wieviel Realität und wieviel Phantasie in diesen Geschichten miteinander verwoben sind, das läßt sich schwer auseinanderhalten.

Später wollte man wissen, wie es denn wirklich gewesen sei, wie sie es eigentlich geschafft hatte, dem massiven Polizeieinsatz zu entkommen, und man fragte sie danach. Ihre Antwort klärte wenig auf: "Die Göttin Durga war bei mir. Sie beschützte mich. Der, der erlöst, ist immer stärker, als der, der tötet." Man konnte wieder denken, was man wollte.

Etwas von Phoolan Devis Sinn für Humor bekam auch ich zu spüren. Als ich zu ihr in ihr Zimmer im Gefängnis gekommen war, hatte Lakhan Singh gleich zu Anfang einen Metallbecher in einer Ecke des Zimmers ausgewaschen, Sherbet (ein süßes Milchgetränk) aus einem großen Tonkrug eingeschenkt und mir gastfreundlich das Glas angeboten. In der Ecke des Zimmers standen zwei solche Tonkrüge; im Sommer benutzt man sie, um Wasser und Getränke kühl zu halten. Ich hatte nur ein paarmal langsam daran genippt und der Becher stand nach einer Weile immer noch fast voll da. Sie bemerkte das, zeigte auf den Becher und sagte ein wenig spöttelnd: "Wenn ich in den Dschungeln so langsam gewesen wäre bei so einem Becher Sherbet, hätte die Polizei mich schon längst geschnappt!"

* * *

Viele Leute in Europa fragten mich, ob Phoolan Devi so etwas wie ein weiblicher Robin Hood gewesen sei. Diese Frage stand stellvertretend für eine andere Frage: Hat sie den Reichen das Geld geraubt, um sich selbst zu bereichern oder hat sie es getan, um den Armen zu helfen? Oder zumindest – hat sie auch den Armen etwas von ihrer Beute gegeben? Und hinter dieser Frage lauerte die Überlegung: Wenn Phoolan Devi nur an ihren eigenen Vorteil gedacht hat, dann hat sie etwas Böses getan; wenn sie aber das Geld der Reichen unter den Armen verteilt hat, dann hat sie – zwar auf gesetzlose Weise – doch auch Gerechtigkeit hergestellt, dann steckt auch der gute Kern von Robin Hood in ihr. Nach dem geschriebenen Recht eine Verbrecherin, aber eine Verbrecherin mit gutem Herzen und eine Banditin mit sozialen Tugenden.

Ich vermute, daß auch manche Presseberichte in Indien ein Robin-Hood-Image von ihr suggerieren wollten, nicht weil sie Gründe hatten, das anzunehmen, sondern weil sie mit ihr sympathisierten. Und Robin Hood war eine Metapher, um diese Sympathie auszudrücken. Sie hatte nur die Reichen ausgeplündert, das stimmte. Aber Phoolan Devis Geschichte war mehr die von einem in die Enge getriebenen Tier, das unerwartet, tollwütig, sich der bellenden Horde hinter sich entgegenstellte und die tödliche Kraft der eigenen Zähne entdeckte.

Es war nicht sozialer Ethos, der sie Banditin werden ließ. Es waren nicht hohe edle Werte – Gerechtigkeit für die Armen zu schaffen oder vielleicht Glaubenseifer –, die sie in das Dissidentenleben im Dschungel trieben. Alle hatten ihr klargemacht – du bist für uns ein kleiner Niemand, wir sind stärker als du, du mußt vor uns ducken – und sie reagierte nach dem Gesetz des Dschungels und schlug mit aller Kraft zurück – ich bin auch jemand! Wie so viele Banditen war sie vor einem unerträglich gewordenen sozialen Druck geflohen. Ihre Familie, ihre Ehe, ihr Dorf – da war kein Platz mehr für sie gewesen. Mayadin, ihr Cousin, Sokhchand, der Sohn des *sarpanch*; sie hätten sie aus dem Dorfleben herausgezwängt, sagte sie. Und auch die Polizei hatte sie nicht in Ruhe gelassen. Wo konnte sie da noch hin?

Sie und die Mitglieder ihrer Bande gehörten selbst zu den Armen. Größtenteils Menschen aus den unteren Kasten, die normalerweise auch die Ärmeren sind. In den Schluchten und Dschungeln war das Leben hart. Manchmal bis zu vier Tage ohne Wasser und Essen, immer in Bewegung, meistens zu Fuß unterwegs, bis zu vierzig Kilometer an einem Tag; selbst zur Monsunzeit hatten sie nichts anderes als Zeltplanen zum Schutz vor dem strömenden Regen. Mit dem Geld, das sie den Reichen raubten, konnten sie weder sich, noch den anderen Armen ein besseres Leben erkaufen. Geld brauchten die Banditen vor allem, um sich mit Gewehren und Munition auszurüsten. Und auch, um damit Essen und Hilfeleistungen von den Leuten in den Dörfern zu bekommen. Manchmal mußten sie allerdings auch dafür Gewalt anwenden.

In manchen Berichten wurde erzählt, Phoolan hätte die Männer ihrer Bande aufgefordert, Frauen bei den Raubüberfällen zu vergewaltigen. Andere schränkten das um eine Nuance ein und sagten, sie hätte die Frauen der Thakurs vergewaltigen lassen. Der Hindi-Schriftsteller Govind Singh schreibt z. B., daß bei dem Überfall auf Baijamau fünf junge und schöne Thakur-Frauen von den Männern der Phoolan-Bande vor das Dorf geschleppt worden seien; Phoolan "schlug auf die nackt ausgezogenen Frauen selbst los und forderte dann ihre Männer auf, sie zu vergewaltigen; als diese dann ohnmächtig dalagen, spuckte sie auf sie und zog wieder los. Es war ein großer Haß gegen die Thakurs in ihr".

Phoolan bestritt das vehement: "Das ist alles absolut falsch!", sagte sie. Sie hätte jeden Mann in ihrer Bande umgebracht, der so etwas gewagt hätte.

Ich denke, wer auch immer diese Geschichten in die Welt gesetzt hat, hat sehr viel von seinen eigenen sado-masochistischen Vorstellungen zum Ausdruck gebracht: Phoolan Devi wurde der Wunsch unterstellt, nicht nur die Täter (ihre Vergewaltiger) zu bestrafen, sondern auch das an ihr verübte Verbrechen ins Feindeslager zurückzuspiegeln, sich selbst als Vergewaltigungsopfer zu rächen mit Vergewaltigungsopfern auf der anderen Seite.

Kurz bevor Phoolan Devi sich im Februar mit ihrer Bande ergab, erzählte ein Fahrradfahrer der Zeitung *Patriot* von seinem bewegenden Erlebnis mit Phoolan Devi im Chambal-Tal. Seine Erzählung bestätigte die Leser in ihrem Bild von einem weiblichen Robin Hood.

Peethambaran, ein ehemaliger Ingenieur der Armee, erzählte, daß er spät abends auf seinem Fahrrad in der Nähe von Gwalior unterwegs war. Peethambran hatte im Bangla-Desh-Krieg ein Bein verloren; er bewegte sich mit Hilfe einer Prothese und hatte sich wegen dieser Behinderung eigens ein Fahrrad konstruiert. Er war zu der Zeit unterwegs auf einer Fahrradtour in den Süden des Landes.

Als er in der Nähe von Gwalior durch das Chambal-Tal fuhr, wurde er plötzlich von ca. zwei Dutzend *dacoits* umringt, die – ihre Gewehre auf ihn gerichtet – ihn aufforderten, alles, was er bei sich hatte, ihnen auszuhändigen. Peethambaran gab ihnen, was er hatte. Eine Frau kam dann auf ihn zu und fragte ihn, ob er keine Angst habe, so spät in der Nacht durch die Schluchten der Banditen zu fahren. Er erzählte ihr von seinen Erfahrungen als Ex-Armeemann, zeigte ihr sein amputiertes Bein. Daraufhin gab sie ihm alles wieder zurück und wollte ihm noch 200 Rupien dazugeben. Er wollte das Geld nicht annehmen, aber sie bestand darauf, steckte es in seine Tasche und sagte, die Armen und die Behinderten seien nicht ihre Feinde, sie würde ihnen nur helfen wollen.

Peethambaran wußte bis dahin nicht, wer diese Person war. Er fragte sie nach ihrem Namen, und nach einigem Zögern gab sie sich zu erkennen. Er fand Phoolan Devi menschlicher als viele andere Menschen, erzählte der Fahrradfahrer der Zeitung.

Als später Phoolan Devi selbst nach diesem Fahrradfahrer gefragt wurde, konnte sie sich nicht an ihn erinnern. Aber sie sagte, natürlich hätte sie mit ihren Männern immer den Armen und Behinderten geholfen. Wenn die Dorfbewohner, denen sie halfen, davon erzählt hätten, hätte die Polizei sie schnellstens ausgequetscht, meinte sie. Das Haus ihrer Eltern in Guda ka Purwa wurde in regelmäßigen Abständen von Polizisten durchsucht, die nachprüfen wollten, ob nicht Geld oder Schmuck in irgendeinem frisch zugestopften Erdloch im Haus vergraben worden wären. Den

Mallah-Familien, die mit ihr sympathisierten oder der Sympathie verdächtigt wurden, ging es ähnlich. Immer wieder wurden Dorfbewohner festgenommen auf den Verdacht hin, sie unterstützt zu haben.

Eine besondere Sympathie für Phoolan existierte. Eine Korrespondentin der Zeitschrift *Sunday* schrieb: "Die Schluchten des Chambal-Tals kannten andere weibliche Banditen, es gab Putli Bai und Haseena, um nur zwei zu nennen, aber Phoolan Devi war außergewöhnlich. Sie war außergewöhnlich, weil es eine Traurigkeit in der Geschichte ihres Lebens gab; das Gefühl, daß ihr ein ungeheures Unrecht geschehen war.

Aus diesem Grund wurde ihr Verbrechen gegen die zwanzig Männer in Behmai zugleich als ein Akt der Rettung ihrer Ehre angesehen. Für einen Augenblick wurde sie identisch mit jeder indischen Frau, die vergewaltigt, erniedrigt und wie Dreck behandelt wurde, und es herrschte das Gefühl, daß sie weniger eine Mörderin war als eine Frau, die für ihre Rechte gekämpft hatte."

Ähnlich formulierten es auch Zeitschriften in der Bundesrepublik. Die Faszination, die von Phoolan Davi ausging, war unübersehbar. Von Faszination spricht man dann, wenn man sich von etwas oder jemandem angezogen fühlt, ohne daß man genau weiß, warum – auch gegen den eigenen Willen. Der Reiz der Sache ist stärker als die Vernunft, die man gegen die Faszination setzen kann. Diese Faszination durch Phoolan Devi entstand nicht zuletzt dadurch, daß man ihren Racheimpuls unmittelbar verstand und deshalb auch ihre Verbrechen mit milderen Augen sah und sich von der Strenge des Gesetzes distanzierte. Mit der Sympathie für ihre Rachemotive – und Sympathie ist immer auch ein Stück Identifizierung – mußte jeder, auch gegen den eigenen Willen, den möglichen Verbrecher / die mögliche Verbrecherin in sich selbst akzeptieren.

Noch von einer anderen Seite faszinierte sie. Sie war eine, deren Selbstachtung als Frau man auf brutale Weise angegriffen hatte, und anstatt in sich zusammenzubrechen, hatte sie sich an anderen brutal vergangen. Das war etwas, was man von einer Frau nicht erwartete. Was man nicht von einer Frau der unteren Kasten erwartete und was man nicht von einer Frau, die sexuell so mißbraucht worden war, erwartete. Das war gegen die Vernunft der Tradition indischer Frauen und gegen die Vernunft der Kastenhierarchien. Dafür gab es keine Vorbilder. Deshalb faszinierte sie als lebendige Person, die schnell zu einer schillernden Legende wurde, ausgestattet mit Projektionen und Phantasien von Menschen, die sich vielleicht ausmalten, wie es wäre, wenn ihre Phantasien die Gestalt dieser Banditin annehmen würden.

TRADITIONEN UND VORBILDER

Devis

Indische Frauen, die für ihre Rechte und ihre Würde gekämpft hatten, gab es schon. Aber sie gehörten einer anderen Kultur an. Frauen, die gegen die Briten gekämpft hatten, Frauen, die sich politisch durchgesetzt hatten. Da war es einfach, martialische und kämpferische Frauen für ihren Mut und ihre Widerstandsstärke anzuerkennen. Da ging es nicht um den Kampf von Frauen für ihre individuellen Rechte, sondern um den Kampf von einzelnen Frauen, der zugleich ein nationaler, politischer Kampf war. Die ideologischen Fronten waren klar umrissen.

Jedes Schulkind in Indien kennt die martialische Rani von Jhansi und singt ein Loblied auf sie. Ein Bild von ihr – mit Stirntuch und hochgehobenem Schwert in der Hand aufrecht zu Pferde sitzend – findet man in fast jedem Schulbuch indischer Geschichte. Lakshmi Bai, als die Rani von Jhansi bekannt, war die Frau des Feudalherrschers von Jhansi. Nach dem Tod ihres königlichen Gemahls, des feudalen Haupts von Jhansi, annektierten die Briten das kleine indische Fürstentum mit der Begründung, die verwitwete Rani sei nur eine Frau, die kein Recht habe, auch nur die Erbfolge von Jhansi zu bestimmen. Ihr wurde eine kleine Pension als Entschädigung für Jhansi gegeben.

Aber die Rani war nicht im geringsten bereit, die Macht der Briten über ihren Staat anzuerkennen; sie kämpfte bis zu ihrem Tod für die Unabhängigkeit von Jhansi.

Zusammen mit den Rebellen des Ersten Indischen Unabhängigkeitskampfes von 1857 (in der britschen Geschichtsschreibung heißt es "The Great Mutiny of 1857") kämpfte sie gegen die englische Armee, verteidigte ihre Stellung fast ein Jahr lang, bis sie schließlich von ihrer Burg fliehen mußte und mit anderen Rebellen in den Dschungel flüchtete. Von dort aus griff sie die englischen Bastionen wieder mit versammelter Truppenkraft an. Sie führte die Armee persönlich und trug dieselbe Uniform wie ihre Leute, rote Tunika und Hosen und einen weißen Turban, so daß man nicht wußte, ob es eine Frau oder ein Mann war. Zusammen mit der Armee des rebellierenden Tantia Tope eroberte sie die Burg von Gwalior und verstärkte ihre Schlagkraft mit den Waffen und der Munition, die sie dort vorfand. Für kurze Zeit schien es, als ob die Rani unschlagbar sei; aber die englische Armee griff sie immer wieder an. (Sie nahm gerade ein kühlendes Sherbet zu sich in der Gesellschaft einer Konkubine ihres verstorbenen Mannes, die dieser besonders gern gehabt hatte, als sie wieder angegriffen wurde.) Bei dieser Attacke starb sie, ihr Pferd warf die Rani tot auf die Erde. Eine Heldin des nationalen Kampfes gegen den britischen Kolonialismus, heute in vielen Balladen und Liedern besungen.

Auch heute, im unabhängigen Indien, gibt es namhafte Frauen, die für sozial anerkannte "gute" Zwecke zur Gewalt der Waffen greifen. Aktiv beteiligt an den Anti-Banditen-Operationen der Polizei von Madhya Pradesh ist z. B. eine junge I.P.S. (Indian Police Service)-Offizierin, Frau Asha Gopal.

Im Februar 1982 machte sie sich einen Namen, indem sie eine fünfköpfige Bande von *dacoits* bei einem offenen Schußgefecht – inmitten eines Zuckerrohrfeldes – niederstreckte. Der ihr untergeordnete Polizeioffizier, der sie bei dieser Aktion begleitete, wollte ihr mit seinem Gewehr zu Hilfe eilen, aber sie zog schneller, erzählte er bewundernd. Für Polizeioffiziere sind liquidierte Banditen so etwas wie Ruhmtrophäen – Höhepunkte ihrer Karrieren. Ich fragte einen Kollegen von Frau Asha Gopal, ob sie denn unter den männlichen Offizieren gleichermaßen anerkannt sei. "Oh ja, sicher", meinte er. Sie hätte allerdings einmal abgelehnt, sich ohne Waffen auf ein Verhandlungsgespräch mit einer Bande von *dacoits* einzulassen. Mit ihren Waffen würde sie sich sicherer fühlen – das andere sei ihr zu riskant gewesen.

Eine weitere Polizeioffizierin, die ihrer Schlagkraft wegen berüchtigt wurde, ist Kiran Bedi, eine junge Frau, die man in Indien als eine der Frauen der Zukunft ansieht. Mit kurzgeschorenem Haar, zartem Gesicht und großen Augen, Polizeiuniform und schwingendem Stock in der Hand lehrte sie die Leute auf den Straßen Delhis das Fürchten. Später wurde sie nach Goa versetzt; sie war für die Metropole zu mächtig geworden, hieß es. Ein Männerscherz munkelte: Es gibt drei mächtige Frauen in Indien heute – Indira Gandhi, Kiran Bedi und Phoolan Devi. (Das stammt allerdings aus der Zeit, als Phoolan Devi sich noch nicht ergeben hatte.) Unversehens waren in diesen Scherz drei verschiedene Positionen dieser Frauen zur Machthierarchie der Gesetze eingegangen: die Machtverantwortung für die Gesetze, ihr Schutz mit Hilfe von Gewalt und ihre Unterminierung.

Als Phoolan Devi auf einer Pressekonferenz gefragt wurde, wie sie es geschafft hatte, von den Männern ihrer Bande als Anführerin akzeptiert zu werden, antwortete sie schlagfertig: "Wird nicht auch unser Land von einer Frau regiert?" Solche Vergleiche waren ein gefundenes Fressen auch für die Opposition: In Lucknow las man Wandsprüche, die das aufnahmen: "*Phoolan Indira hain ek samaan, / Loot liya hai Hindusthan*" (auf deutsch kann ich es nicht reimen – der Bedeutung nach heißt das: Indira und Phoolan, sie sind gleich, Hindusthan ausgeraubt haben beide).

"Wie kann denn gerade in Indien eine Frau regieren?" Viele Leute hier in Europa stellen diese Frage. In einem Land, wo Frauen so wenig zählen. Dort, wo Witwen *sati* begingen; wo eine Frau einem Mann so viel wert ist wie die Mitgift, die sie einbringt; wo Frauen von frühauf lernten, im Dienst am Mann die Erfüllung ihres Lebens zu suchen. Das sind die üblichen Bilder, die man von indischen Frauen kennt. Und völlig schief sind sie nicht. Frauen in Indien müssen wirklich viel erdulden und sehr große Belastungen mit viel Gleichmut tragen.

Töchter indischer Familien bekommen weniger zu essen als die Söhne; es wird auch an Ausgaben für Ausbildung und Gesundheit gespart. Was nützt dem Mädchen eine Ausbildung, da es eh nachher heiraten wird, argumentieren die Eltern, wenn sie überhaupt Argumente nötig haben. Mädchen haben eine höhere Sterblichkeitsrate als Jungen; sie müssen mehr aushalten können bei weniger Fürsorge, das erfahren sie schon sehr früh im Leben. Die Verinnerlichung ihres angeblich geringeren Wertes den männlichen Mitgliedern der Familie gegenüber, verbunden mit dem Bewußtsein, daß ihr bescheidener Wert darin besteht, den Männern der Familie zu dienen, gehört zum normalen Entwicklungsprozeß eines Mädchens.

Das Frauenideal, mit dem wir in Indien aufwachsen, bedeutet die Aufgabe der Persönlichkeit. Alle Frauen der Großfamilie spielen es dem Kind vor. Großmütter, Mütter, Tanten, Großtanten, alle anderen in die nähere Umgebung der Familie eingeheirateten Frauen zeigen uns, wie stark sie im Zurücknehmen ihrer eigenen Persönlichkeit sind; wie sehr sie nur für die Männer und die Kinder da sind. Sie legen ihren Ehrgeiz darein, nicht zu essen, bevor der Ehemann gegessen hat, und nicht ins Bett zu gehen, bevor die anderen es tun. Sie sind in der Frühe auf, bevor die anderen es sind. In der Selbstaufgabe sind sie stark. Es ist nicht nur schwaches Nachgeben, sondern auch Ausdruck ihrer Stärke. Man mag diese Stärke ideologisch als die Stärke der

Schwachen bewerten, aber es gehört schon viel Kraft dazu, sich so zu beugen, wie die Frauen in Indien es tun. Das ist eine Seite des indischen Frauenbildes, das man hier vielleicht weniger wahrnimmt oder wahrnehmen kann.

Die Anerkennung einer Frau in der Familie – und die bleibt weiterhin ihre dominante Wirkungssphäre – hängt von ihrer Fähigkeit ab, sich ohne Klagen zuerst ihrem Mann und dann ihren Kindern hinzugeben. "Eine 'Devi' (Göttin) ist uns ins Haus gekommen", sagt man lobend, oder: "Sie ist wirklich *pativvata* (dem Mann ergeben) wie Sita." Sita ist das mythische Frauenideal für das praktische Verhalten von Frauen. Sie ist ein Mythenbild, verewigt in dem altindischen Epos "Ramayana", das auch heute sehr lebendig ist; jeder in Indien lernt die Geschichte von Rama und Sita und die Tugenden, die sie verkörpern, früh kennen: durch Rezitationen und Erzählungen zu Hause, durch die großen Feste, durch volkstümliche Inszenierungen des Epos, durch Metaphern und Bilder der indischen Sprache, die daran erinnern.

Ich erzähle hier ganz kurz einige Teile der Geschichte von Sita, damit der westliche Leser sich vorstellen kann, wofür das Bild von ihr steht:

Sitas Gemahl, der Königsohn Rama, wurde für vierzehn Jahre ins Exil verbannt. Er wollte seiner Frau das Leben der Not in den Wäldern ersparen und bat sie, in dem Königreich Ayodhya zu bleiben. In einer langen, passionierten Antwort auf diese Bitte machte Sita ihren festen Willen klar, Rama zu folgen, wohin es auch sei. In dieser Rede legte sie ein Modell nieder, an dem Frauen bis heute gemessen werden (ich gebe diese Rede hier dem Sinn nach wieder): "Der Ort einer Frau ist bei ihrem Mann und nicht bei seinen oder ihren Eltern; wenn du von deinem Land verbannt bist, bin auch ich verbannt und ich werde dir folgen, wohin du gehst. Weder Vater, Mutter, Sohn, noch Freunde, nicht einmal ihr eigenes Selbst, sind der Rückhalt einer Frau, nicht in diesem Leben und nicht im nächsten. Allein der

Ehemann ist ihr Rückhalt und ihre Stütze. Ich werde mit dir gehen und lernen, den Wald mit seinen Schrecken zu lieben. Ich werde dir nie eine Last sein, immer nur eine helfende Gefährtin. Ich werde vor dir gehen und den Weg erkunden und nach dir essen, ich werde für unser Mahl Beeren pflücken und Wurzeln sammeln, und wir werden leben in den Wäldern wie in unserem Palast."

Sita folgte Rama ins Exil und lebte mit ihm im Dschungel, sorgte für Rama, heiter und ohne Klagen. Aber Sita wurde von Ravana, einem *rakshas* (epikureischer Dämon), in sein Königreich Lanka entführt und dort gefangengehalten. Er versuchte mit allen Miteln, Sita zu verführen, aber Sita dachte nur an Rama und wies ihn standhaft ab. Rama inzwischen brachte eine ganze Armee zusammen (eine Armee von Affen), um Sita aus den Fängen dieses Dämonenkönigs zu befreien. Es gab einen großen, nicht enden wollenden Krieg zwischen Rama und Ravana; schließlich brachte Rama Sita siegreich aus Lanka zurück, und sie kamen im Triumph in Ayodhya an.

Das war aber nicht das glückliche Ende der Geschichte. Ramas Ehre war wiederhergestellt, aber ihre? Wie konnte sie ihm noch beweisen, daß sie nicht von Ravana berührt worden war, daß sie von dieser Schande unbefleckt und rein war? Wie konnte er seinen Untertanen eine unreine Königin anbieten? Selbst die bestandene Feuerprobe half nicht. In seinen Augen blieb sie eine entehrte Frau, und noch viel mehr war sie dies in den Augen seiner Untertanen. Rama wollte ein vorbildlicher König sein, er verbannte Sita. Im Exil des Dschungels brachte sie Zwillingssöhne, Lava und Kusha, auf die Welt und zog sie in aller Abgeschiedenheit auf. Dann schickte sie eines Tages ihre Söhne zu Rama. Rama war sehr bewegt, erbarmte sich ihrer und ließ sie wieder zu sich holen. Aber der Zweifel blieb. Er wollte eine erneute Probe ihrer Unschuld vor der Öffentlichkeit. Selbst Sitas großes Herz konnte das nicht mehr ertragen. Den Ehrenfleck hatte nichts entfernen können – nicht das

Feuer, nicht die Verbannung. Und Sita, die Gute, hatte alles geduldet; sie hatte nichts gegen Rama gesagt, er war für sie der verehrungswürdige Gemahl geblieben, und jetzt sollte sie nochmals ihre Unschuld vor den Augen seiner Untertanen beweisen! Damit Sita nicht vor Scham vergehe vor dieser abermaligen Prüfung, öffnete sich die Erde, ihre Mutter, und nahm Sita wieder zu sich.

Die gute, die treue, die immer opferbereite Sita, sie wurde Vorbild für das *dharma* (die Lebenspflicht) der indischen Frau und deren innerer Leitstern. Sie zeigte, wie eine Frau in der Selbstaufgabe stark sein muß. In der indischen Literatur und im indischen Film von heute begegnet man immer wieder demselben Frauenbild: Frauen, die – von Schmerzenstränen erdrückt – gegen alle widrigen Umstände für das hohe Ideal der Treue und der Familienpflichten bereit sind, ihr Leben zu opfern. Und wie kritisch man heute demgegenüber auch sein mag, die Suggestivkraft dieser Bilder ist zu stark, als daß man davon unberührt bleiben könnte.

Das ist der "mainstream" der Frauenbilder in Indien. Und es ist Realität, daß Frauen nach diesen Mustern ihr Leben gestalten und gestalten lassen. "Wie kann denn eine Frau gerade in so einem Land regieren?" Das war das Staunen, von dem ich ausgegangen war.

In den feudalen und bürgerlichen Lebenssphären gab es und gibt es immer wieder einzelne Frauen, die oben sind und führen. Es sind wenige Namen, die einem dazu einfallen, aber sie fallen auf. Sie fallen auf, gerade weil sie so selten sind. Schnell bekommen diese Frauen heldenhafte Dimensionen; weil die anderen so klein erscheinen, sehen sie übergroß aus. Sie zeigen ein Gesicht indischer Frauen, das sich vom traditionellem Bild der sanften, zurückhaltenden Frauen abhebt. Man braucht nur Kiran Bedi mit ihrem forschenden Blick und kurzen Haarschnitt bei einer Frauenzusammenkunft zu sehen, um das sinnlich zu erleben.

In Europa, in Amerika, wo Frauen sich mehr und mehr

auch in öffentlichen Räumen bewegen und die Attribute von cleveren, durchsetzungsfähigen, machtausübenden Personen bekommen, fallen Frauen in dominierenden Stellungen weniger auf. Wo Frauen ihre Phantasien im Alltag schon realisieren, verschwinden die Monumentalfiguren, auf die sie hochschauen müssen. Sie sind diese selbst, im Alltagskleid. (Das ist nichts Spezifisches für Frauen, es gilt natürlich ebenso für Männer, daß ihre Helden immer das darstellen, was sie selbst nicht sind, aber gerne wären oder zu werden fürchten.)

In Indien, wo Frauen – im "mainstream" des traditionellen Lebens – sich abmühen, kraft aller inneren Ressourcen als eigene Person unterzugehen, fallen jene Frauen stark auf, die – gegen den Strom – ihre besondere Persönlichkeit durchsetzen wollen. Begünstigt durch Privilegien der höher gestellten Familien, ihre Erziehungstraditionen und ihr Selbstbewußtsein (wie z.B. die praktisch-politische Ausbildung Indira Gandhis in der Nähe ihres Vaters und Großvaters seit der Kindheit; oder das hohe Kampfethos der Rajputs, mit dem die Rani von Jhansi groß wurde), tauchen einzelne Frauen im kämpferischen Feld der Öffentlichkeit auf, und man staunt und ist verunsichert. Aber man akzeptiert sie auch.

Stärke konzediert man Frauen in Indien allemal. Man fordert sie ihnen auch ab in ihrer traditionellen Rolle als Ehefrauen und Mütter. Die Mütter sind der starke Rücken und das unendlich gebende Herz, auf deren Kraft indische Familien aufbauen. Väter in Indien haben weder symbolisch noch real diese Bedeutung; bestenfalls sorgen sie dafür, daß die Rupien da sind, und werden nur aus der Ferne gefürchtet oder geachtet. "Unser Mutterland" sagt man auf Hindi, nicht "unser Vaterland". Die heilige Kuh ist "Gau Mata", die Mutter Kuh.

Ein untergründiger Strom matriarchalischen Denkens ist die Quelle, aus der sich solche Bilder speisen. Der kosmologische Himmel Indiens ist seit Jahrtausenden mit allmächtigen Göttinnen bevölkert – die ihren Anbetern einen großherzigen, mütterlichen Schutz versprechen und ihre Feinde unbarmherzig vernichten. Die göttliche Urkraft, die schaffende, aktive Kraft oder Energie, *shakti*, ist weiblich; ohne sie ist ihr männlicher Gegenpart eine unendliche Leere; ohne Kali ist der Gott Shiva nur ein Leichnam (*shava*), sie ist die ihn belebende Energie.

Hinduistische Göttinnen in ihren vielen glanzvollen und schreckenerregenden Erscheinungsformen werden überall in Indien verehrt; es werden Bilder und Idole von ihnen gemacht, Tempel werden ihnen geweiht. Parvati (Tochter der Himalaya, Gemahlin des Welterhalters Vishnu), Lakshmi (Göttin des Glücks und Reichtums), Saraswati (Göttin der Weisheit, der Kunst und der Sprache), Durga (die Unnahbare, die Unerreichbare, die Zerstörende und Schützende), Kali (die Schwarze, die Schreckliche, die Blutlechzende, die Weltmutter) – das sind einige höhere Gestalten der weiblichen Energie des Göttlichen. Abgesehen davon, daß es unzählige lokale Gottheiten gibt, tragen auch die großen, allgemein bekannten Göttinnen (wie z.B. Durga) wiederum verschiedene Attribute und Aspekte ihres Daseins, die je nach lokalen Bräuchen und Traditionen differieren. (Durga und Kali werden z.B. in größeren Teilen Zentralindiens verehrt. Viele Banden von *dacoits* beten die Durga an; für Phoolan Devi ist die Mutter Durga so etwas wie eine Schutzgöttin.)

Was den Charakter der indischen Weltmutter grundsätzlich von dem der christlichen Mutter Gottes unterscheidet, ist, daß die erstere den positiven *und* negativen Aspekt des Göttlichen verkörpert: die Extreme des Schönen und des Schrecklichen, sie ist die Kraft, die liebt und schützt, und sie ist auch die, die zerstört und vernichtet; sie gibt Gaben und fordert Opfer. Die Göttin Durga z.B. wird in Bildern oft dargestellt als eine gütig lächelnde schöne Frau mit goldener Hautfarbe, die in einem leuchtendroten Sari auf einem Tiger oder Löwen sitzt. In ihren acht bzw. zehn

Durga

Händen hält sie die Embleme ihrer martialischen Kraft — einen Speer, ein Schwert, Pfeil und Bogen, den Schwanz einer Schlange usw. In Bengalen wird sie häufig auch stehend gezeigt, ihr Speer bohrt sich in den Körper des Dämons, der unter ihrem Fuß liegt. Mit einer rechten Hand segnet sie ihre Verehrer. Sie ist in dieser Gestalt die schöne Durga; ihre zerstörerische Kraft ist in ihren Emblemen gebannt. (Es ist eine Eigentümlichkeit der indischen Götterbildung, daß die Phantasie die den Göttern innewohnenden Kräfte nicht als Abstraktionen beläßt, sondern einzeln versinnbildlicht — die vielen Arme, die vielen Embleme, auch die vielen Köpfe indischer Göttinnen und Götter sind sinnliche Symbole ihrer besonderen Machtqualitäten.)

In der Göttin Kali sieht man die Große Mutter in ihrer schwarzen Gestalt. Mit roter, heraushängender Zunge lechzt sie nach dem Blut ihrer Opfer; sie ist nackt, mit blau-schwarzer Haut, geschmückt mit einer riesigen Girlande von Totenköpfen. In den zwei rechten Händen hält sie einen Speer und ein Schwert; den abgeschlagenen Kopf eines Opfers zeigt sie in der einen linken Hand, während sie mit der anderen die Geste der Segnung macht. Unter ihren Füßen liegt die starre Gestalt des männlichen Gottes Shiva, dessen göttliche Energie sie selbst verkörpert.

Es gibt viele Legenden und Mythen, die von der Entstehung, den Inkarnationen und Taten der Großen Mütter Durga und Kali erzählen. Eine Version erklärt die schwarze Farbe und die blutdurstige Zunge von Kali als eine Wirkung ihres Kampfes mit dem Dämon Raktavija. Dem Dämon Raktavija hatte der Gott Shiva einen göttlichen Wunsch erfüllt: Mit jedem Tropfen vergossenen Bluts aus seinem Körper würde er mit tausendfach erneuerter Kraft neu geboren werden. Als Kali die Erde von diesem Dämon befreien wollte, stach sie ihren Speer in seinen Körper, preßte ihre Lippen auf die Wunde und saugte sein Blut auf, damit kein Tropfen vergossen werde, und so vernichtete sie ihn. Das warme Blut des bösen Dämons in ihr trieb

Kali

nun die Göttin zu einer solchen Zerstörungswut, daß sie die ganzen Armeen der Dämonen zu schlachten anfing.

Man kann die Göttin Kali als die Verkörperung des Hindu-Ideals begreifen, das Böse zu überwinden – nicht durch seine einfache Verdrängung bzw. Verleugnung (da würde es immer gewaltiger wachsen), sondern durch das Böse selbst. Kali saugt das Blut des Dämons auf, füllt sich also selbst mit der schwarzen lebensspendenden Kraft des Dämons, und in ihrer göttlichen Gestalt wendet sich die Zerstörungsenergie des Bösen gegen dieses selbst.

Das göttliche Matriarchat des Hinduismus ist wahrhaftes Matriarchat erst darin, daß es die Polaritäten der Welt – die moralischen, psychischen, geschlechtlichen Kräfte – in sich selbst miteinander konfrontiert und aus sich selbst heraus entläßt. Es ist dieselbe Große Mutter, deren sanftes Gesicht Liebe verspricht und sich schwarz vor zerstörerischer Energie färbt. Dieselbe Göttin, die das Symbol der Lebenserzeugung, die Lotosblüte, in einer Hand hält, schwingt in der anderen die Symbole der Lebensvernichtung, den Speer und das Schwert. Sie ist selbst der Himmel und die Hölle.

Die hinduistische Gesellschaft hat es in den vielen Tausenden von Jahren ihrer Entwicklung geschafft, dem Matriarchat den hohen, ehrenvollen Platz im kosmologischen Himmel zu belassen, während sich die patriarchalische Gesellschaftsordnung im erdigen Feld des Lebens ausdehnte und ihre Schuld gegenüber den Frauen mit Opfergaben und Gebeten an die große Mutter zu büßen gedachte. Auf diesem Hintergrund kann man vielleicht besser verstehen, daß, trotz der untergeordneten Stellung der Frauen in Indien, im glücklichen Fall "gute" Mütter und "gute" Ehefrauen als Devis (Göttinnen, vollkommene und verehrungswürdige Frauen) respektiert werden. Ähnlich werden auch einzelne Frauen, die gegen traditionelle Erwartungen die innere Leidensstärke der Frauen nach außen kehren und sich kämpferisch öffentlich hervortun, schließlich hochgeachtet und anerkannt. Für Devis ist die indische Phantasie empfänglich.

Banditinnen

"Gewehre an Stelle von Armreifen, Flüche statt Kinderliedern und Mätressen an Stelle von treuen Ehefrauen! In dem Land von Sita, Savitri und Anusuya (Frauenideale indischer Mythen) gibt es weibliche *dacoits*. Lesen Sie diese illustrierten Lebensgeschichten von Frauen-*dacoits*, bei denen es Ihnen eiskalt über den Rücken laufen wird!"

Das ist der Werbetext für ein Buch in Hindi, März 1983 erschienen, der sehr klar zum Ausdruck bringt, daß auch für Inder Banditinnen nicht zum Alltag und nicht zur indischen Tradition gehören. Der Autor dieses Werbetextes hat gut getroffen, was zum traditionellen Bild der indischen Frau gehört: Armreifen, Kinder und die von sexuellem Interesse unberührte Treue der Ehefrau. Banditinnen dagegen sind häufig Geliebte oder Mätressen der Gangsterchefs. Von der westlichen Sexualmoral her gesehen mag das Wort Mätresse antiquiert erscheinen; für indische Verhältnisse ist eine Frau, die mit einem Mann unverheiratet zusammenlebt, seine *rekhäl* (Mätresse), und das auch nicht ohne den pejorativen Beigeschmack. Eigentlich eine Frau von schlechtem Charakter.

Daß sich das Leben von Banditinnen gut eignet für eine Sex-, Gewalt- und Thriller-Story, das haben auch indische Filmemacher erkannt; es gab z.B. schon Drehbücher und Pläne für einen Film über "Die Dame des Chambal-Tals" – Phoolan Devi.

Phoolan Devis Erscheinen in der Banditenszene als Anführerin hatte allgemein das Interesse an der Frage geweckt: War sie eine vereinzelte Erscheinung oder gab es auch andere Frauen unter den Banditen? War Phoolan Devi wirklich eine einzigartige Eruption des Hasses innerhalb des stillen

Stauwassers des Frauendaseins, oder gährte da ein noch unentdecktes Banditenleben von Frauen in den verborgenen Tiefen der Schluchten?

Wenn man den Polizei-Informationen hätte Glauben schenken können, dann wimmelte das Chambal-Tal von mordwütigen Banditinnen. Das war aber Sensationsmache infolge des Interesses, das Phoolan Devi erweckt hatte. Die Beispiele, die die Polizei dazu angeben konnte, waren nur schwache Beweise ihrer Behauptung. Trotzdem war Phoolan Devi nicht die einzige Frau unter den Banditen. Es gab auch andere Frauen, die in die Schluchten geflohen waren. Neue, nicht so stark profilierte Namen wie der von Phoolan Devi wurden bekannt.

In der Gang von Baba Ghanshyam, der sich zusammen mit Phoolan Devi und ihrer Bande ergeben hatte, gab es Munni Bai. Jeder, der die dunkelhäugie Munni Bai sah, war beeindruckt von ihren finsteren Augen, die eher dem erwarteten "bösen" Blick einer Banditin entsprachen als das kindlich unglückliche Gesicht der Phoolan Devi.

In dem Presserennen um die Story von Phoolan Devi bei ihrer Waffenniederlegung brachte eine englische Zeitung ein Bild von Munni Bai mit hoch erhobenem Gewehr und schrieb dazu: "Phoolan Devi, die Banditenkönigin, hält ihr Gewehr zum letztenmal hoch vor Tausenden von Menschen!" Ich glaube, daß im Augenblick der Spannung und Neugierde, endlich die Banditenkönigin sehen zu können, über die seit zwei Jahren so viel spekuliert und phantasiert wurde, man nicht einmal daran dachte, daß eine andere Frau als Phoolan Devi überhaupt dabei sein könnte. Das Zeitungsbüro stürzte sich auf das erste Frauenbild, das hereinkam und präsentierte es den Lesern als das der Banditenkönigin. Von den Vorstellungen ausgehend, die man sich vorher von ihr gemacht hatte, hätte der herausfordernde, verwegene Blick der Munni Bai gut zu der erwarteten Banditin gepaßt!

Aber es stellte sich heraus, daß Munni Bai aus weicherem

Stoff gemacht war als Phoolan Devi. Sie hatte zumindest einige Attribute einer traditionellen Frau: Sie war verheiratet, sie lebte zusammen mit ihrem Ehemann und sie war schwanger. Ein Kind hatte sie schon.

Seit 1977 hatte sie zusammen mit ihrem Ehemann Babu Khan der Bande von Ghanshyam angehört. Sie und ihr Ehemann waren beide zu den Banditen geflohen, nachdem die *panchayat* in ihrem Dorf sie eines Mordes verdächtigt hatte. Nach diesen vielen Jahren "on the run" fand Munni Bai die Aussicht beruhigend, im Gefängnis zur Ruhe kommen zu können. Dort brachte sie dann ihr zweites Kind auf die Welt.

Seit den siebziger Jahren hatte es mehrere weibliche *dacoits* gegeben, z.B. Haseena, eine schöne moslemische Frau, die auf grausame Weise niedergeschossen wurde. Sie war zum Zeitpunkt ihres Todes schwanger, hatte der Polizei signalisiert, daß sie sich ergeben wollte. Sie wurde dennoch kaltblütig erschossen; ihre nackte Leiche stellte die Polizei öffentlich zur Schau! Als ein Exempel zur Abschreckung für alle Frauen, die das Banditenleben noch anlocken sollte! Die Menschen mußten die Köpfe aus Scham neigen vor dieser Brutalität der Polizei der toten Frau gegenüber. Haseena hatte aus Liebe zu einem verheirateten Rajput ihre Dorfgemeinschaft verlassen müssen; ihre eigene Ehe war unglücklich verlaufen. Sozial geächtet von den Dorfbewohnern, hatten beide, sie und ihr Liebhaber, die Flucht ergriffen und sich zu den Banditen treiben lassen.

Eine unglückliche Ehe und eine Liebesbeziehung zu einem Banditen waren die häufigsten Auslöser für das gesetzlose Leben einer Banditin. Phoolshree, die Ehefrau eines Dorfvorstehers im Distrikt Etawah, verließ ihren Mann, als er eine zweite Frau zu sich nahm, und fand einen Platz bei den Banditen. Geeta Thakur konnte ihren Mann, mit dem sie früh verheiratet wurde, nur noch verabscheuen wegen seines strengen und harten Umgangs mit ihr; sie verliebte sich in ihren Schwager, der unter den Banditen lebte, und er bot ihr die Möglichkeit, vom Ehemann wegzukommen. Das waren weniger berüchtigte Banditinnen. Manche wurden festgenommen und kehrten nach abgesessener Haft zurück zu einem normalen Leben als Ehefrauen mit Kindern.

Eine junge Frau, Munni Thakur, hatte ihre Mißhandlung durch den Ehemann nicht mehr erdulden können – sie ließ ihn ermorden und ergriff die Flucht zu den Banditen. Sie wurde gefangengenommen und kam ins Gefängnis von Dholpur. Nach Absitzen ihrer Haftstrafe gab sie das Banditenleben auf. Eine andere hatte vorgezogen, Banditin statt Prostituierte zu werden. Sie war an Prostituierte verkauft worden, lief von ihnen weg und schloß sich einer Banditenbande an. Auch sie wurde gefangengenommen; nach ihrer Haftzeit kehrte sie zurück zu einem einfachen Frauenleben mit ihrem Banditenfreund.

All diese Frauen, die plötzlich für kurze Zeit von Interesse waren, nachdem man mit Phoolan Devi die Dschungelkultur indischer Banditinnen des Chambal-Tals entdeckt hatte, bestätigten zwar, daß Phoolan Devi nicht als einzige Frau in die Schluchten geflohen war – doch drängten sie sich nicht so ins Bewußtsein wie Phoolan. Das Leben der anderen Banditinnen war größtenteils eine Verlängerung ihres Frauendaseins innerhalb des Banditenreviers gewesen – und sie kehrten gerne zurück zu einem ruhigen Familienleben.

* * *

Der Name "Banditenkönigin", mit dem man Phoolan Devi als Banditenanführerin anerkannt hatte, wurde sonst nur noch einer anderen Frau zugestanden – der ehemaligen Tänzerin Putli Bai. Die Erinnerung an Putli Bai war schon verblichen, als Phoolan Devi von sich reden machte. Ihr Leben hatte etwas Romantisches und Leidenschaftliches gehabt; ihre Hinwendung zum Banditenleben hatte viele gefesselt, weil mit der Karriere von Putli Bai zur Banditenkönigin ihre Karriere als zelebrierte Tänzerin zu Ende ging.

Ihre Mutter hatte Putli Bai schon als junges Mädchen in die Kunst des Singens und Tanzens eingeweiht. Schon mit fünfzehn Jahren sang und tanzte sie vor größeren Gesellschaften – Hochzeits- und Geburtsfeiern – und bezauberte alle mit den unschuldig sinnlichen Bewegungen ihres kleinen zarten Körpers. Sie wurde schnell zu einer begehrten Tänzerin; besonders beliebt waren auch die Balladen, die sie sang, Volkslieder, die an den Heldenmut von zwei legendären Figuren der Gegend – Alha und Udhal – erinnerten. Ihr Auftritte wurden hoch bezahlt – an einem Abend verdiente Putli schon um die 200 Rupien, zu ihrer Zeit ein wahrhaftes Vermögen.

Das war noch in den fünfziger Jahren. Tanzen und Singen, das waren Künste, die damals nur Frauen ausübten, die als Prostituierte angesehen wurden und es nicht selten auch waren. Es war eine festgelegte Profession wie alle anderen; Frauen konnten sich einen Namen und Geld damit machen. Noch bis in die siebziger Jahre hatten nicht nur Tänzerinnen und Sängerinnen mit dieser zwielichtigen Aura der Käuflichkeit zu rechnen, sondern auch Schauspielerinnen. Das Tabu der Selbstpräsentation einer Frau vor den Augen anderer war der kulturelle Hintergrund für die soziale Stigmatisierung dieser Künste. *purdha* (die Verschleierung, Schleier) und der mit Tüchern oder mit dem Sari bedeckte Kopf waren Ausdruck dieses kulturellen Tabus. Bescheidenheit, Zurückhaltung, Blick nach unten, sich nicht zeigen, sondern sich zurücknehmen – in der Kleidung und in der körperlichen Haltung –, verlangte man in unserer Kultur von den Frauen.

Tanzen, Singen und Schauspielern – Künste, die den sinnlichen Einsatz der körperlichen Reize und Ausdrucksformen verlangten – für den Genuß und die Augenfreude anderer Menschen – mußten auf diesem kulturellen Hintergrund als ein Feilbieten fraulicher Reize erscheinen. Die "hohe" Kunst der ästhetischen körperlichen Darbietung war nicht getrennt von der "niedrigen" Kunst der erotischen und sexuellen Darbietung.

Die Sängerin und Tänzerin mußte beide Künste beherrschen: gut tanzen können *und* das Publikum (die Männer) erotisch anreizen. In den letzten zwei Jahrzehnten hat sich eine graduelle Veränderung angebahnt – die Darstellungskünstlerinnen sind auch sozial angesehen und haben nicht gleich den Ruf, Frauen von lockerer Moral zu sein. Das sind ganz konkrete Schritte zur Behebung des kulturellen *purdahs* über die Frauen in Indien.

Putli Bai, die junge, bewunderte Tänzerin der fünfziger Jahre, gehörte der Berufskaste von Tänzerinnen an, die auch ihre Körper verkauften. (Mit ihrer Mutter zusammen lebte sie zunächst in Agra, dann in Morena.) Ihre Mutter, Ashgari Bai, die zugleich Tanzlehrerin, Vermittlerin und Wachhund für ihre Tochter war, sorgte dafür, daß Putli Bai für ihre Tanzauftritte hochbezahlt wurde, alle anderen Angebote wehrte sie streng ab. Im Stillen hoffte sie vielleicht auf ein besseres Leben für ihre Tochter, als sie es selbst erlebt hatte; vielleicht konnte Putli Bai mit ihrer Anziehungskraft eine gute Partie bekommen, so einen reichen Kaufmann auf dem Land, der ihr ein respektables Leben als Ehefrau und Mutter sichern würde . . .

Es kam anders. Es war kein reicher Kaufmann und kein reicher Bauernsohn, der Putli Bai zu sich nahm, sondern der berüchtigte Bandit Sultan Singh. Es kam zu einer dramatischen Wende im Leben dieser begehrten jungen Tänzerin, so wie man es aus Abenteuerromanzen kennt. Sultan Singh hatte Putli Bai einige Male bei ihren Tanzauftritten gesehen und bewundert. Er verliebte sich in sie und begehrte sie. Und als gefürchteter Bandit war er gewöhnt, sich zu nehmen, was er begehrte.

Putli Bai war nach Dholpur gebeten worden, um auf der Hochzeitsfeier des Sohnes eines vermögenden Landbesitzers zu tanzen. Leute aus vielen Dörfern waren zu dieser glanzvollen Gesellschaft eingeladen worden. Es wurde bei den Festlichkeiten gut gegessen und getrunken; ringsherum war alles feierlich beleuchtet, wie es auf indischen Hochzeiten üblich ist. Es war schließlich das Hochzeitsfest eines sehr reichen Mannes. Putli Bais Tanz dauerte bis spät in die Nacht, begleitet von unaufhörlichen Bewunderungszurufen. Die Schaulust der Zuschauer schien nicht enden zu wollen, und immer wieder wurden anerkennend Geldscheine vor Putlis Füße geworfen.

Mit dem schallenden Geräusch von losgefeuerten Schüssen brach alles in Chaos und Panik aus. Sultan Singh und seine Männer kamen auf Pferden vorgeritten; der große, dunkelhäutige Sultan ging auf Putli zu, riß sie an sich und schnell waren die Männer schon wieder verschwunden. Keiner hatte sich getraut, den bewaffneten Männern Widerstand zu leisten. Die junge Tänzerin, Putli Bai (sie war um die siebzehn Jahre alt zu der Zeit), war am Ende ihres Tanzauftrittes auf die unglaublichste Weise von dem Banditenhäuptling Sultan Singh entführt worden.

(Nach einer anderen Version ihrer Geschichte war es nicht während des Festes selbst, sondern auf dem dunklen Weg nach Hause, daß die Banditen Putli Bai entführten und mit ihr davonritten. Vielleicht sollte diese Version die Feigheit aller auf dem Fest Anwesenden etwas abdecken, die stumm zugeschaut hatten, während die Banditen mit ihrer Beute entkamen.)

Sultan Singh war ein bekannter Banditenchef dieser Zeit, mit dem Ruf, bei dem geringsten Widerstand jeden erbarmungslos umzubringen. Früher hatte er der Armee angehört, war desertiert und nach einer tödlichen Auseinandersetzung mit einem nahen Verwandten flüchtete er in die Schluchten. Seiner Bande gehörten ca. zwanzig Männer an. Wer wäre da ein Risiko eingegangen bei diesem schießwütigen Desperado!

Mit Gewalt ihrem Leben als Tänzerin entrissen, befand sich Putli Bai auf einmal in der Wildheit der Schluchten, in der Mitte von einer Bande von zwanzig Outlaws! Was für Angst und Schrecken sie am Anfang an der Seite von Sultan Singh erlebt haben mag! Aber das Erstaunliche an ihrer Geschichte war, daß sie mit der Zeit die Rolle der respektierten Frau des Bandenchefs annahm und ihn nicht mehr verlassen wollte. Sultan Singh, dieser kraftstrotzende Rohling der Schluchten, warb um die leidenschaftlich geliebte Tänzerin mit allen ihm zur Verfügung stehenden Mitteln – er schenkte ihr Schmuck, Parfums und Puder, was er auch in die Hände bekommen konnte, und ließ ihr von seinen Männern alle einer Banditenkönigin geziemenden Ehren erweisen. Putli Bai, zunächst gewalttätig in die Schluchten versetzt, verliebte sich in diesen Mann.

Trotzdem wollte sie zurück in ihr Dorf. Das Plündern und Morden des Banditenlebens muß ihr zu Anfang ein Alptraum gewesen sein. Sie wußte zwar, daß sie nach ihrem Zusammenleben mit den Banditen keine annehmbare soziale Nische mehr finden würde, aber sie wollte zurück nach Hause zu ihrer Mutter. Sie war nach sechs Monaten des unruhigen Vagabundendaseins in den Schluchten müde geworden, und sie erwartete ein Kind. Als sie zu ihrem Dorf zurückkehrte, wartete schon die Polizei auf sie, wie die Katze auf die Maus. Sie fiel über Putli her, nahm sie mit zur Polizeistation und fragte sie stundenlang aus über Sultan und seine Bande und ihre Verstecke. Putli Bai weigerte sich, ihren einstigen Entführer zu verraten! Sie hatte ein Gefühl der Solidarität und Treue für diesen Banditen entwickelt und alle Bemühungen der Polizisten waren umsonst. Doch unter dem Druck des Verhörs versprach sie schließlich, an Stelle von Sultan einen anderen Mann seiner Bande, Babu Lohari, in die Falle der Polizei zu locken.

Putli Bai hielt es nicht mehr in ihrem Dorf aus. Sie überließ ihre neugeborene Tochter der Obhut ihrer Mutter und ging wieder zurück zu Sultan. Diesmal freiwillig. Was für eine merkwürdige Entscheidung! Jetzt war sie von Sultan Singh und dem Banditenleben angezogen! In gewisser

Weise handelte Putli aber nicht anders als der Großteil indischer Ehefrauen. Es war nicht Sitte, daß eine Frau sich ihren Mann selbst aussuchte. Die Eltern taten das, und die Liebe zwischen dem Ehepaar entstand erst nach der Heirat, wenn überhaupt. Das Gefühl der Liebe war, diesem einen Mann zu gehören, für ihn da sein zu wollen, ein Gefühl der Verbundenheit. Das Außergewöhnliche in Putlis Fall war, daß die Wahl nicht den Eltern überlassen wurde, sondern von dem Mann – einem Banditenanführer – selbst getroffen wurde. Er war dazu noch kein Tyrann ihr gegenüber – es gelang ihm, ihr Geliebter zu werden. Warum sollte Putli auch nicht diesen Mann lieben – so wie sie gelernt hatte, einen vielleicht noch unangenehmeren Plünderer, einen von ihrer Mutter ausgewählten reichen Kaufmann als Ehemann zu akzeptieren. So erstaunlich mir am Anfang Putli Bais Herzenswendung erschien, begriff ich später, daß ihre Geschichte zwar dramatisch und romantisch war, doch ihre für Sultan Singh entwickelte Treue ganz dem traditionellen Verhalten einer indischen Ehefrau entsprach.

Putli Bai ging diesmal zu Sultan Singh mit dem Wissen, daß es kein Zurück mehr geben würde. Sie gab sich jetzt dem Banditenleben hin, nahm aktiv teil an den Raubüberfällen und Plünderungen der Bande und bewegte sich nicht mehr nur im Schatten ihres Beschützers. Ihr wurde das Schießen beigebracht. Sie legte ihre Moral ab, schoß auch auf Menschen und erwarb sich den Ruf einer grausamen Frau.

Ein Polizeioffizier erzählte in einem Interview, daß Putli erst wirklich grausam nach einer zweiten Konfrontation mit der Polizei wurde. Bei einem Raubüberfall der Bande hatte es einen Schußwechsel mit der Polizei gegeben, und Putli Bai ergab sich. Sultan Singh konnte entkommen. Sie wurde von der Polizei verhört, seelisch gequält und gefoltert. Man schob sie zwischen den Polizeistationen hin und her. Erst als man ihr das Versprechen abgepreßt hatte, daß sie der Polizei helfen würde, Sultans Gang zu liquidieren, wurde sie freigelassen. Als der verantwortliche Polizeioffizier sie wieder zu Hause aufsuchte, war Putli verschwunden. Sie war erneut zu Sultan geflohen. Erst nach dieser Mißhandlung durch die Polizei wurde Putli Bai für ihre Grausamkeit und Herzlosigkeit berüchtigt. Sie wurde ein Meisterschütze und mordete kaltblütig. Besonders rachsüchtig zeigte sie sich Polizisten gegenüber. Ich habe die widersprüchlichsten Dinge über sie gelesen. Die einen sagten, sie hätte ein Herz aus Gold gehabt und Geld unter den Armen verteilt. Andere erzählten davon, wie sie ihren Opfern die Finger abschnitt, um an ihre Ringe heranzukommen und den Frauen die Ohrringe von den Ohren abriß.

Putli Bais erzwungener Aufenthalt bei der Polizei hatte sie vielleicht zu einem unsicheren Kandidaten für die Bandenmitglieder gemacht. Wie konnte Sultan Singh sicher sein, daß die Frau, die jetzt schon zweimal in die Hände der Polizei gefallen war, sie nicht verraten würde? Für die Mitglieder seiner Bande mußte der Verdacht noch größer sein. Möglicherweise war Putli Bais auffallende Grausamkeit in dieser Zeit Ausdruck ihrer Verhärtung durch die polizeiliche Mißhandlung; vielleicht wollte sie aber auch der Bande damit beweisen, daß sie sie nicht verraten hatte und immer noch auf ihrer Seite stand.

Die Spannungen innerhalb der Gang waren zu dieser Zeit sehr groß. Sultan Singh machte jetzt gemeinsame Sache mit einer anderen Gruppe – der Bande des schrecklichen Lakhan Singh. Beide Gangs lieferten sich einen heftigen Schußwechsel mit der Polizei, als Sultan Singh von einer Kugel tödlich getroffen wurde. Die Polizei behauptete später, Sultan selbst erschossen zu haben. In einem damals kontrovers diskutierten Brief an Pandit Jawaharlal Nehru, den damaligen Premierminister (Vater von Indira Gandhi), machte Putli darauf aufmerksam, daß die Polizei eine Lüge über den Tod von Sultan Singh verbreitet hatte. Nach ihrem Brief war es nicht die Polizei, sondern Kalla, ein Mitglied der Bande von Lakhan Singh, der Sultan erschossen hatte.

Es war Verrat aus der eigenen Mitte gewesen! Putli schrieb: "Sultan stand gerade auf einem kleinen Hügel. Hinter mir stand Babu Lohari, der von Sultan die Aufgabe zugeteilt bekommen hatte, mich zu bewachen. Plötzlich sah ich, wie Lakhan Singh Kalla Zeichen machte. Daraufhin hob Kalla sein Gewehr, schoß in Richtung Sultan und er fiel.

Putli wollte mit dem Brief der Öffentlichkeit klarmachen, daß man der Polizei nicht trauen konnte! Ein Foto von Sultan nach dem tödlichen Gemetzel zeigt eine Hälfte seines Gesichts von Kugeln durchlöchert. Der Fall konnte nicht endgültig geklärt werden. Es gab Vermutungen, daß die Polizei Sultan Singh noch nach seinem Tod mit Kugeln durchsiebt hatte, um diesen gefürchteten Banditen als eigene Beute ausgeben zu können.

In demselben Brief an Pandit Nehru bat Putli Bai auch um Gnade und eine Chance, wieder als ein einfacher, normaler Mensch leben zu können. "Ich habe als Frau große Not erlitten und viel Leid ertragen müssen, während ich in den Dschungeln und Schluchten herumgetrieben wurde. Aber ich fürchte, daß ich auch als Banditin sterben werde. Das ist wohl mein Schicksal."

Putli Bais Befürchtungen sollten sich bewahrheiten. Niemand half dieser Frau, zu einem normalen Leben zurückzukehren. Die gewaltlose Kapitulation von Banditen war in den fünfziger Jahren noch nicht als Weg zur Lösung des Banditenproblems erkannt. Die ehemalige glanzvolle Tänzerin stieg immer mehr hinab in die Welt der Banditen und wurde die Gefährtin neuer Bandenchefs. Nach Sultan Singhs Tod wurde Babu Lohari der neue Bandenchef und Putli mußte es sich gefallen lassen, jetzt ihm zu gehören. Er war ihr immer einer der Unsympathischsten gewesen. Kaum vier Monate später erschoß sie ihn. Die Gelegenheit ergab sich bei einem scharfen Schußwechsel mit der Polizei. Es entstand wieder dieselbe Kontroverse wie bei dem Tod von Sultan Singh. Die Polizei behauptete, Babu Lohari selbst erschossen zu haben; Putli Bai, wieder in einem Brief an

Pandit Nehru, machte öffentlich bekannt, daß sie selbst Babu Lohari erschossen hatte. Es war in den Schluchten in der Nähe von Morena passiert. Polizei und Banditen schossen gerade wild aufeinander, und Babu Lohari überlegte mit Putli einen möglichen Fluchtweg. In ihrem Brief an Pandit Nehru schrieb Putli Bai dazu: "Ich sagte Babu Lohari, er solle etwas nach oben auf einen Hügel vorgehen und sich vergewissern, daß da auf der anderen Seite keine Polizisten seien. Er war einverstanden und ging hoch. Ich wartete ein paar Minuten, zielte genau und erschoß ihn. Babu sackte zusammen und sein Körper purzelte in die Schluchten hinunter." Nach diesem öffentlichen Geständnis war es für die Polizei kaum mehr möglich, Babu Loharis Tod für sich zu verbuchen.

In diesem Brief bat Putli nicht mehr um Gnade. Sie wußte, daß sie alle Brücken hinter sich abgerissen hatte, aber sie wollte zumindest die Wahrheit über das Verhältnis zwischen den Banditen und der Polizei herausstellen. Putli selbst nutzte das wenig. Nach Sultan Singhs Tod war sie Babu Loharis unwillige Mätresse geworden und konnte sich von ihm nur durch einen Mord befreien. Aber wohin jetzt? Konnte sie allein eine Bande anführen? Würden die anderen Bandenchefs das zulassen? Nein, für eine Frau war das in den Schluchten der Banditen nicht möglich. Es gab hier die den Banditen eigenen Gesetze. Sie mußte Freundschaft schließen mit einer der stärkeren Banden im Tal; das hieß, Freundschaft schließen mit einem neuen Bandenchef. Sie wurde jetzt von Kalla protegiert, dem dunkelhäutigen, häßlichen Bandenchef, der damals ihren ersten Banditenliebhaber vor ihren eigenen Augen erschossen hatte. Wie sie es übers Herz brachte, mit dem Mörder ihres einst geliebten Freundes zusammen sein zu können, das war vielleicht nichts weiter als ein Teil der Herzlosigkeit, die das Dschungelleben verlangte; es ging ihr ums Überleben und anscheinend war Kalla bereit, ihr seinen Schutz zu geben. Sie brauchte die Unterstützung einer starken Bande, und es war offenbar einer Frau nicht möglich, sich allein als Haupt einer Bande durchzusetzen, auch wenn sie das beste Waffenarsenal besaß und als treffsichere Schützin berüchtigt war. Männer konnten ihre eigenen Banden gründen; eine Frau brauchte einen Mann auf ihrer Seite. Das war in Putli Bais Fall so und das war später auch in Phoolan Devis Fall ähnlich.

Putli Bai, die Banditenkönigin der fünfziger Jahre, bekam keine Chance, sich zu ergeben. Bis zuletzt wurde sie gejagt und gehetzt. Sie brachte noch ein zweites Kind auf die Welt, einen Sohn, Surendra, von dem man bis heute nicht weiß, ob er lebt oder nicht. Es fehlt jede Spur von ihm. Als Anführerin der Kalla-Putli-Bande war Putli angeblich gefühllos und rachsüchtig wie nie zuvor. Aber auch auf sie kam immer Schlimmeres zu. Die Kalla-Putli-Bande geriet ins Schußfeuer der Polizei, und eine Kugel erwischte Putli am Ellbogen. Einige Zeit danach war es still um die Bande. Das nächste Mal, als die Bande wieder auftauchte, hatte Putli nur noch einen Stumpf, wo ihr linker Arm gewesen war. Kalla hatte es anscheinend geschafft, Putli, noch mit der Kugel im Arm und ohnmächtig vor Schmerzen, nach Gwalior zur chirurgischen Behandlung zu bringen. Für das enorme Bestechungsgeld von 20.000 Rupien hatte sich ein Chirurg bereit gefunden, Putlis linken Arm zu amputieren.

Die Zähigkeit und der starke Überlebenswille der Putli Bai machte sich noch darin deutlich, daß sie auch mit ihrem Armstumpf das Gewehr zu benutzen lernte. Nach einer Pause von etwa drei Monaten versetzte die Kalla-Putli-Bande die Gegend des Chambal-Tals wieder in Schrecken. Die erneute Plünderungswut der Bande endete für Putli tödlich. Im Januar 1958 ging sie der Polizei in die Falle, die sich in Lauerstellung bereit gehalten hatte; das passierte in den Schluchten in der Nähe des Flusses Kunwari. Als die Bande die Polizei bemerkte, eröffnete sie das Feuer und machte sich auf die Flucht, Kalla in die eine Richtung mit fünf von den Männern, Putli in die andere Richtung mit zehn.

Sie liefen alle um ihr Leben, während die Polizei mit Kugeln ihren Weg säte. Einer nach dem anderen fiel, von Kugeln durchsiebt. Putli schaffte es noch über die Schluchten bis zum Fluß und sprang in das Wasser hinein. Mit ihrem einen Arm versuchte sie, halb watend, halb schwimmend, die andere Seite des Flusses zu erreichen. Noch kurz bevor die gehetzte Frau das Ufer erreichte, trafen sie die Schüsse. Polizisten holten die nasse Leiche aus dem Kunwari heraus, und am nächsten Tag wurde die tote Putli in der Mitte von zehn Männerleichen ihrer Bande öffentlich ausgestellt. Putli Bais Mutter, Ashgari Bai, und Putlis Tochter, Tanno, baten die Polizei händeringend um die Leiche, damit sie der Toten die letzte Ehre der Begräbnisriten erweisen konnten, aber sie wurden kalt abgewiesen.

Heute, fünfundzwanzig Jahre nach ihrem Tod, ist es schwer zu erkennen, was die Legende von Putli Bai erzählt hat und wie es wirklich war. Es sind drei Fotos, ein paar Polizeiakten und viele Erinnerungen und Erzählungen von ihr übriggeblieben. Das eine Foto zeigt ein helles, schmales Gesicht mit dichten, schwarzen Augenbrauen, glattes Haar weich bis zu den Schultern fallend. Es war eine Nahaufnahme ihres toten Gesichts; was für ein Leben sich dahinter verborgen hatte, konnte man nicht mehr erkennen. Das zweite Foto zeigt sie mit Seilen locker an einen Pfahl angebunden, den Kopf nach unten hängend, in der Mitte der zehn Leichen ihrer Bandenmitglieder aufgestellt. Man kann die Kugellöcher an den toten, angelehnten Körpern der Männer deutlich erkennen, die nur mit Lendentüchern spärlich bekleidet sind. Die Namensschilder der jeweiligen Banditen – auf Hindi geschrieben – hängen an den Pfählen, an denen die toten Körper angebunden sind. Auf einem ähnlichen Foto von der makabren Szene gibt es eine breite Plakette ganz oben mit den Worten auf Englisch: BANDIT QUEEN PUTLI BAI WITH HER ASSOCIATES / SHOT DEAD ON 23-1-58 / MORENA DISTRICT

Hinter den Leichen der Banditen kann man Waffen und Munition erkennen, die die Polizei bei ihnen gefunden hatte und einige persönliche Habseligkeiten von Putli Bai – einen Spiegel, Puder, Seife und Haaröl. Putli Bai war die einzige namhafte "Banditenkönigin" vor Phoolan Devi, meinten viele, die sich an sie erinnerten. Es war die düstere Romantik ihrer Geschichte, die alle bewegte und fesselte; manche schauderten vor ihrer maßlosen Grausamkeit. Polizeioffiziere sprachen anerkennend von ihrem Schießtalent und ihren hochkarätigen Waffen.

Ich habe in all diesen Erzählungen über sie nach den Impulsen gesucht, die die treibende Energie ihres außergewöhnlichen Lebens waren, und empfand Putli zunächst, trotz der Faszination ihrer romantischen Geschichte, als eine kalte, unbewegte Figur. Mir gelang es nicht, ihr Leben mit einer lebendigen Frauengestalt zu verbinden. Ich wußte nicht zu sagen, welche Leidenschaft sie in den verschiedenen Etappen ihres Lebens bewegt hatte – war es die passionierte Liebe für das Tanzen und Singen, war es ihre romantische Liebe zu Sultan Singh, oder war es ein Haß gegen die Polizei gewesen? Putli Bai war schwierig zu verstehen. Ihr Weg von einer gefeierten Tänzerin zu einer berüchtigten Banditin – konnte man diese unglaubliche Lebensgeschichte auch nur annähernd begreifen? Zuerst tanzte sie, weil man es von ihr verlangte; dann mordete und plünderte sie, wie man es von ihr verlangte; war das nicht eher der Weg einer Tanzmaschine zu einer Mordmaschine? War sie nicht in gewissem Sinne ganz die Verkörperung ihres Namens "Putli" – "Spielpuppe"? Aber das alles war nicht die ganze Putli Bai.

Ihre Verweigerung, den einmal akzeptierten Beschützer, Sultan Singh, an die Polizei zu verraten, ihre Briefe an Pandit Nehru, in denen sie um Gnade bat und doch ihr Schicksal als Banditin annahm – das waren Bruchstücke aus ihrem Leben, die sie für mich lebendig machten, die zeigten, daß sie bereit war, für ihr Leben einzustehen. Ich glaubte später, sie mir als sich selbst bewegende Person vorstellen zu können, mich ihr zu nähern. Sie war doch im Herzen wie eine sehr traditionelle indische Frau gewesen, sie war nur ohne ihr eigenes Zutun in außergewöhnliche Umstände versetzt worden. Für die Tänzerin Putli Bai war es Lebenspflicht gewesen, so schön, so gefällig zu tanzen und zu singen, wie sie es konnte. Und sie hatte ihre ganze Begabung in diese traditionelle Kunst hineingelegt. Als der Zufall – ihre Entführung – ihr diesen Lebensweg abschnitt, und sie die Rolle als Frau eines Banditen akzeptieren mußte, machte sie auch dies zu ihrer Pflicht, mit so viel Hingabe, wie sie dafür aufbringen konnte. Sie war eine begabte Frau, sie konnte virtuos singen und sie konnte virtuos schießen. Sie war etwas Besonderes gewesen, weil sie jedesmal ihr Schicksal annahm, sie gab sich ihrem Schicksal wirklich völlig hin. In gewissem Sinn hatte sie auch nicht anders gehandelt, als es das Frauenideal der Göttin Sita verlangte. Sita hatte sich bereit erklärt, auf Wunsch ihres Gemahls ins Feuer zu springen, auf seinen Wunsch hatte sie die Verbannung in den Dschungeln auf sich genommen und dadurch ihre Treue auf das Äußerste bewiesen. Putli Bai wurde abverlangt, sich dem Leben der Banditen zuzuwenden und sie hatte diese Probe mit aller Kraft durchgestanden; irgendwann machte sich die Eigengesetzlichkeit des Banditenlebens geltend, und Putli hatte ihre Wurzeln weit hinter sich verloren.

Von manchen Menschen auf dem Land wird Putli Bai noch heute als Devi verehrt und angebetet. Putli Bais älterer Bruder Allahadin, ein tiefgläubiger Mann, der heute in der Nähe einer Moschee in Morena lebt, sagte zu einer Korrespondentin, Putli sei eine wunderbare Sängerin gewesen; die Polizei würde Lügen erzählen, wenn sie behauptete, daß Putli eine grausame Frau war, die folterte und mordete. Sie sei so weichherzig gewesen, daß sie das Geld, das sie raubte, unter den Armen verteilte. Hier war zumindest einer, der sich das Bild der weichherzigen kleineren Schwester für immer im Herzen bewahrt hatte; die grausame Schwester, die sich in den Dschungeln und Schluchten herumtreiben mußte, war so fremd für ihn, daß er dieses Bild von ihr nur noch als Lüge begreifen konnte.

Als ich von Allahadin las, mußte ich daran denken, wie der jüngere Bruder von Phoolan Devi stolz zu Kushwant Singh gesagt hatte: "Phoolan ist noch schöner als Ramkali." Aus der familiären Nähe hatten die Brüder beider Banditenköniginnen ihre Schwestern von ihrer liebevollen Seite zu sehen bekommen: in ihren Augen hatten sie ihre ganz eigene Glorie ausgestrahlt.

Putli Bais Tochter, Tanno, die von ihrer Großmutter aufgezogen wurde, gehört einer anderen Generation von Frauen an. Sie lebt heute, fern von der Welt der Banditen, als Ehefrau eines Hoteliers in der Großstadt Kalkutta. Sie hat zwei Töchter, denen sie gern die Chance geben würde, eine Ausbildung zu bekommen. Ihr Mann findet es jedoch unnötig, da die Mädchen doch irgendwann heiraten werden. In Kalkutta kann Tanno mit ihrer Familie anonym leben; die Banditen der fünfziger Jahre sind hier wenig bekannt.

Immer wenn sie in Morena war, der Stadt, wo ihre berüchtigte Mutter mit ihrer Großmutter gelebt hatte, sahen die Leute sie an und sagten: "Aré, das ist ja die Tochter von Putli Bai!", nicht mit erhobenem Finger, sondern ihre Berühmtheit anerkennend, so wie man hier sagen würde: "Schau mal, das ist die Tochter von dem und dem". Die Faszination der Banditen und der Robin-Hood-Tradition sagte ihr, Tanno, nichts, die mit ihrem Ehemann zusammen die Möglichkeiten der Großstadt kennt. Alle Banditen werden zu ihrem Leben aus Not gezwungen, meint sie, keiner wird Bandit, weil er für die Armen Gutes tun will. So wie Putlis Tochter in einer anderen Welt aufwuchs als ihre Mutter, lernte auch die Tochter von Allahadin, (Putlis Bais Bruder), eine neue Generation und neue soziale Verhältnisse kennen. Sie erbte die künstlerische Begabung der Familie und lernte singen. Ihre Gesangskünste wurden aber nicht in *mujrahs* (Gesang- und Tanzabende einer Prostituierten), sondern bei öffentlichen Auftritten u.a. von den Hörern des All India Radios (Indische Rundfunkanstalt) honoriert.

Rebellen

Unter dem großen schattenspendenden Peepal-Baum in der Mitte des Gefängnishofes steht Malkhan Singh, eine große imposante Gestalt mit etwas hagerem, fein geschnittenem Gesicht und dunklem Schnurrbart. Es ist um die 40 Grad heiß, aber er wirkt kühl in seinem roh-seidenen hellen Kurta und Pyjamas (Pumphose). Man nannte ihn *"dasyu samrat* Malkhan Singh" (Malkhan Singh – Großkönig der *dacoits*). Wir begrüßen uns mit einem *Namaste*.

"Ich habe Sie sofort wiedererkannt", murmele ich. "Ich glaube nicht, daß wir uns früher gesehen haben", sagt er mit bestimmter Stimme und wendet sich mir mit forschen Augen zu. "Nein, nein", sage ich, "wir sind uns nicht begegnet. Ich habe nur so viel über Sie gelesen und so viele Bilder von Ihnen gesehen, daß ich Sie sofort wiedererkannte."

Malkhan Singh hatte sich im Juni 1982 ergeben. In Delhi hatte ich kurz zuvor mit zwei engagierten Journalisten, Kalyan Mukherjee und Brij Raj Singh, über Malkhan Singh gesprochen; sie hatte sich für seine Kapitulation persönlich eingesetzt und erzählten mir, wie sie in die Schluchten gegangen waren, um mit ihm Kontakt aufzunehmen, als er noch der meistgesuchte Banditenanführer des Chambal-Tals war. Und daß sie gerade dabei waren, ein Buch über ihre Erfahrungen mit ihm und seiner Bande zu schreiben.

Jetzt steht Malkhan Singh vor mir mit königlich gerader Haltung. Ich sage: "Kalyan Mukherjee und Brij Raj Singh haben mir auch von Ihnen erzählt." Seine Augen werden weich, als er die beiden Namen hört. "Kalyan Mukherjee und Brij Raj Singh haben ja damals in den Schluchten mit mir zusammen gelebt", sagt er mit einem gewissen Stolz.

"Ja", sage ich, "das haben sie mir erzählt. Ich hätte dazu nicht die Kraft gehabt." Jetzt lächelt er. "Das glaube ich Ihnen!"

Einige Zeit vorher hatte ihn eine Reporterin gefragt, ob er jemals überlegt hätte, eine Frau in seine Gang aufzunehmen.

"Ich hätte nie eine Frau oder einen Trinker in meine Gang aufgenommen", war seine klare Antwort. "Sie sind zu gefährlich. Wenn eine Frau zu mir käme wegen irgendeines Problems, würde ich versuchen, ihr zu helfen, aber ich würde sie nicht zu einer Banditin werden lassen. Es ist nicht das richtige Leben für eine Frau."

Für ihn, der für seine Hochachtung vor Frauen bekannt war, gab es einen einfachen Weg: Wenn Frauen Schutz brauchten oder in irgendwelchen Schwierigkeiten waren, sollten sie sich an Männer wenden. Seine Gangmitglieder durften keine Frau belästigen, sie mußten in einem solchen Fall mit seiner Wut und dem Ausschluß rechnen. Zum Zeichen ihrer Ergebung vor Frauen berührten die Männer seiner Bande die Füße der Frauen, die sie im Gefängnis besuchten.

Man hatte auch behauptet, daß Malkhan Singh sich früher geweigert hatte, Phoolan Devi zu der Zeit zu helfen, als sie, gejagt von der Polizei, ihn um Unterstützung gebeten hatte. Phoolan selbst hatte alle diese Gerüchte um Differenzen zwischen ihr und Malkhan Singh verneint. *dada* (der große Bruder – so wird er liebevoll genannt) Malkhan Singh sei der Guru und Anführer aller Banditen, sagte sie. Auf ihn würden alle hören. Es war *dadas* Kapitulation letztes Jahr, die sie zum ersten Mal auf die Idee gebracht hatte, sich selbst zu ergeben.

Malkhan Singh war ein *baghi* – ein Rebell im alten Sinne des Wortes, wie die *dacoits* anerkennend von der Bevölkerung genannt werden. Auch unter den *dacoits* wurden eigene Maßstäbe angelegt: nicht jeder *dacoit* wurde als *baghi* anerkannt. Einfache Wegelagerer, kleinere Räubergruppen ohne die Führung eines "Herrschers", der mit seinem Ehrenkodex und Wohlverhalten den Armen gegenüber Sympathien für die Bande gewann, Diebesbanden kleineren Formats gab es auch unter den *dacoits*, doch nur die großen, angesehenen Banden mit entsprechender Waffenstärke wurden *samrat girohs* (Banden mit einem Herrscher) genannt. Sie sind mit dem Robin-Hood-Image des englischen Banditentums am ehesten vergleichbar. Wenn ein "Herrscher" einer Bande des letzten Jahrzehnts dem Image eines *baghis* (eines Rebellen) entsprach, dann der *dasyu samrat* Malkhan Singh.

Eine Fehde mit einem Brahmin-Landbesitzer aus seinem Dorf hatte ihn zu einem *baghi* gemacht. Er hatte mit seiner ganzen Energie gegen das erlittene Unrecht gekämpft und sah sich schnell auf die andere Seite des Gesetzes gestellt. Als er sich im Juni 1982 ergab, besuchte er auf dem Weg zur offiziellen Waffenniederlegung noch sein Dorf Bilao. Er wurde dort mit jubelnden Rufen von der Dorfbevölkerung empfangen – "*dada* Malkhan Singh *ki jai*!" (Hoch lebe unser großer Bruder Malkhan Singh!) und "*dasyu samrat* Malkhan Singh *ki jai*!" (Hoch lebe der Banditen-Herrscher Malkhan Singh!). Während der Zeremonie der Waffenniederlegung – für die sich fast 30.000 Menschen versammelt hatten, um den berüchtigten Mann zu sehen – wurden ihm erlaubt, ein paar Worte an die ihm zujubelnden Massen zu richten.

"Ich bin in die Schluchten geflüchtet", donnerte seine Stimme aus dem Lautsprecher, "nicht um der Gerechtigkeit zu entfliehen, sondern um sie zu suchen!" Welchen Jubel der Massen es dazu gab, kann man sich vielleicht vorstellen. (Phoolan Devi und Ghanshyam wurde es ein Jahr später nicht mehr erlaubt, zu den Zuschauern ihrer Kapitulationszeremonie zu sprechen!)

Bis zum Zeitpunkt seiner Waffenniederlegung war Malkhan Singh einer der meistgesuchten Banditen mit 70.000 Rupien Kopfgeld, angeklagt wegen 110 Delikten, unter anderem wegen Mordes an mindestens 60 Personen und dem Raub von 300.000 Rupien. Den größeren Teil seiner Beute bekam er durch die Entführung von Söhnen der Reichen auf dem Land, von denen er Lösegelder von durchschnittlich 50.000 Rupien einkassierte. Das war seine besondere Variante des Banditentums, für die die Reichen ihn fürchteten und die Armen ihn verehrten. Denn Letztere traf das nicht; ihnen gegenüber zeigte Malkhan Singh die Großzügigkeit eines freigiebigen Feudalherrn. Er spendete ihnen Gelder in Notfällen, für Hochzeiten und für Todesfälle. Er respektierte die Frauen und machte sich vor allem durch seine Religiosität beliebt – er gab größere Summen für den Erhalt und für die Errichtung von Tempeln aus. Es war der Streit um ein Stück Tempelland, der ihn letztlich in die Schluchten getrieben hatte.

Als kleiner Junge hatte er in dem Durga-Tempel (Tempel der Göttin Durga, die von vielen Banditen verehrt wird) seines Dorfs *bhajans* (religiöse Andachtslieder) gesungen und seinen Eltern bei der Landarbeit geholfen. Seine Eltern waren einfache Kleinbauern. Oft saß er in den Schluchten um den Fluß Baisli (der bei seinem Dorf fließt) und paßte auf das wenige Vieh seiner Eltern auf. Für ein paar Jahre besuchte er auch die Dorfschule; seine Briefe läßt er heute, so wie Phoolan Devi, von einem studierten Mitglied seiner Bande schreiben.

Sein Dorf, Bilao, liegt etwas nördlich von Gwalior, im Herzen des Banditenterritoriums, und der junge Malkhan wird schon als Viehhirt Gelegenheiten bekommen haben, für die Banditen kleinere Jobs zu übernehmen, wie z.B. Zigaretten besorgen oder irgendwelche Nachrichten weitergeben. Sein eigener Cousin, Girdhaulia, gehörte der berüchtigten Bande von Roopa an; und es war ziemlich klar, daß das Leben der Banditen und ihr Kampfethos ihm nicht fremd bleiben konnten.

Als Kailash Pandit, der Brahmin-Landbesitzer seines Dorfes, 90 Bigha Land, das dem Dorf gehörte, an sich riß, ging auch der Durga-Tempel des Dorfs in seinen Besitz über. Er verbot den Angehörigen der niederen Kasten den Zutritt zu dem Tempel. Dieser Ausschluß aus dem Tempel traf auch Malkhan Singh, der der Mirdha Kaste angehörte. Es gab nichts, was er dagegen tun konnte, aber der Haß gegen Kailash Pandit wucherte in ihm. Es war eine Hauptbedingung seiner Kapitulation im Juni 1982, daß dieses Tempelland der Dorfbevölkerung wieder zurückgegeben werden sollte.

Die siedende Feindschaft zwischen Malkhan Singh und Kailash Pandit brach bei dorfpolitischen Auseinandersetzungen offen aus. Malkhan unterstützte Jagannath, den Gegner von Kailash Pandit bei den *panchayat*-Wahlen; Kailash Pandit wiegelte die Chamars auf, um Malkhans Kandidaten zu boykottieren. In den heftigen Auseinandersetzungen, die darauf folgten, erschoß Malkhan Singh den Anführer der Chamars, Kalhi Chamar; (Kalhi Chamar war merkwürdigerweise mit dem Namen ”Ramdin Hitler“ in dieser Dorfgegend aufgetreten). Malkhan bekam eine lebenslängliche Strafe dafür. Sein Freund, Jagannath, den er bei den Wahlen unterstützt hatte, ließ für ihn Revision einlegen bei dem Hohen Gericht in Gwalior und holte ihn mit einer hohen Kaution aus dem Gefängnis.

In der Zwischenzeit hatte Kailash Pandit die Hebel der Macht im Dorf völlig in seiner Hand, und Malkhan wurde immer mehr ins Abseits gedrängt, obwohl er in die *panchayat* gewählt wurde. Ein früherer Freund von Malkhan lief mit einer Frau aus seinem Clan davon; Malkhan vermutete Kailash Pandits Hand in dem Spiel. Er meldete den Vorfall bei der Polizei, aber es passierte nichts. Das war eine schwere Verletzung der Ehre seiner Familie. Schlimmer noch, Kailash versuchte, Malkhan auch aus der politischen Sphäre hinauszudrängen. Er stellte einen Antrag bei der *panchayat*, daß Malkhan von der Dorfversammlung ausgeschlossen werden müßte, da er sich strafbar gemacht habe.

1973 wurde Malkhans Freund und Guru, Jagannath, von einigen Chamars ermordet. Das war ihre Antwort auf Kalhi Chamars Mord. Malkhan, dem das Ethos von Freundschaft und Loyalität alles bedeutete, schwor öffentlich nach der Zeremonie der Feuerbestattung seines Freundes, daß er ihn rächen würde. Als dann Kailash Pandit es auch noch schaffte, Malkhan Singhs Namen mit einem Raubüberfall zu verbinden, war für Malkhan klar, daß er den Mann selbst umbringen mußte. Er sann auf Rache und wartete eine günstige Gelegenheit ab.

Kailash Pandit wußte, daß er sich Feinde geschaffen hatte und bewegte sich nur noch mit Leibwächtern. Sein Haus wurde von bewaffneten Polizisten bewacht. Im Mai 1976 trafen Kailash Pandit und Malkhan Singh wieder aufeinander — bei der Neueröffnung eines Spirituosengeschäfts an einem brütend heißen Nachmittag. Es wurde geschossen; aber es war nicht Kailash, sondern sein Begleiter, Sudama Kacha, der von den Schüssen tödlich getroffen wurde. Malkhan floh in die Schluchten; er wußte, daß er in den Händen der Polizei keine Chancen mehr haben würde. Seine Rache war bei dem ersten Versuch mißlungen.

Mit Malkhan zusammen waren die Brüder Ram Sunehri und Ram Karan Singh. Ghanshyam (Baba Ghansa, der Bandenanführer, der sich zusammen mit Phoolan Devis Bande im Februar 1983 ergab) schloß sich Malkhan an. Langsam wuchs eine neue kleine Gruppe von entschlossenen *baghis* heran. Sie wollten Rache. Rache an Kailash Pandit, Rache an den Chamars, die Malkhans Freund, Jagannath Narain, ermordet hatten. Jeder trug eine eigene Geschichte des erlittenen Unrechts mit sich; und jeder hatte sich entschlossen, das Gesetz in die eigenen Hände zu nehmen.

In den sechs Jahren zwischen Mai 1976, als Malkhan in die Schluchten ging, und Juni 1982, als er sich ergab, sammelte er fast eine kleine Armee von etwa neunzig Männern um sich. Seine Gruppe fluktuierte, so wie alle Banden. Malkhan zog die stärksten Männer der Gegend an sich heran; nach einiger Zeit gingen sie dann ihren eigenen unabhängigen Weg weiter. Ghanshyam trennte sich 1977 von ihm und bildete eine eigene Gruppe. Babu Gujar (in dessen Bande Phoolan Devi ihre ersten Erfahrungen mit dem Banditenleben machte) verließ ihn und wurde Chef einer eigenen Gruppe. Anscheinend waren Differenzen entstanden zwischen den beiden über das Verhältnis zu Frauen und Trinkgewohnheiten. Auch Mustaqueem — der Moslemanführer, der Phoolan Devi bei den Rachemorden an den Thakurs unterstützte — gehörte am Anfang Malkhans Gruppe an; dann ging auch er seinen eigenen Weg. Als er im März 1981 erschossen wurde, wechselten neunzehn Mitglieder seiner Gang wieder zu Malkhan über.

Es war ein groß verzweigtes Netz von Bandeneinheiten, die sich an einem Punkt kreuzten, sich gegenseitig unterstützten, aber sich auch verfeindeten. Jede Gang hatte ihr eigenes Operationsgebiet. Malkhan arbeitete vor allem in dem Gebiet an der Grenze zwischen Madhya Pradesh und Uttar Pradesh; seine Verstecke lagen in den Schluchten und Dschungelgegenden, die sich um die Flüsse Chambal, Yamuna und Kunwari ausbreiten. Manchmal wich er auch über die Grenze nach Rajasthan aus.

Die Gründe für Malkhan Singhs Flucht zu den *baghis* waren trotz aller Dramatik nicht viel anders als die der Mehrzahl der legendären Banditen des Chambal-Tals. Ein kleiner Familiendisput, eine Kastenfeindschaft, eine Fehde zwischen Machtgruppen im Dorf, eine Landstreitigkeit hatten schnell aus vielen einfachen Menschen auf dem Land gesetzlose Rebellen gemacht, die bereit waren, für ihre *izzat* (Ehre) ihr Leben aufs Spiel zu setzen. Die "zivilisierten" Dorfgemeinden boten ihnen keine Hoffnung mehr.

* * *

Madho Singh, ein ehemaliger Bandenanführer, der 1972 kapitulierte und sein Banditentum aufgab, erklärte in seinen Worten, wie schnell einer Bandit werden kann: "Es gibt viele Gründe, warum Menschen Banditen werden, aber der Hauptgrund ist die Bestechlichkeit der Polizei. Nehmen Sie an, es gibt einen Streit zwischen zwei Parteien in einem Dorf. Eine Partei ist reich, die andere ist arm – sie gibt dem Polizisten 5000 Rupien und der Polizist ist bereit, zwanzig Beschuldigungen gegen die Armen zu erheben. Weil der Reiche es will und ihm Geld dafür gibt. Was soll der Arme tun in einer solchen Situation? Er landet im Gefängnis und muß eine Strafe verbüßen. Ihm bleibt nur ein anderer Weg – Bandit zu werden und gegen die Ungerechtigkeit zu kämpfen. Er denkt, ich werde dann sterben müssen, aber was soll's, sterben muß ich auch hier.

In dieser Gegend, die man Chambal-Tal oder das Revier der Banditen nennt, halten die Menschen ihre Ehre noch höher als ihr Leben. Ob Thakur, Brahmin, Chamar, Gujar oder welche Kaste auch immer. Rache muß sein, wenn die Ehre verletzt ist. Wenn einer sich rächt, wird er strafrechtlich verfolgt; das treibt ihn dazu, ein *baghi* zu werden, und er erhebt dann seine eigenen Anklagen mit seinen Waffen."

Die Banditen des Chambal-Tals stehen in einer jahrhundertealten Tradition. Die Legende führt ihre Entstehung zurück auf die ersten Machtkämpfe zwischen den Feudalherrschern des Rajputclans (Kriegerkaste) im 12. Jahrhundert, als der Rajputkönig Prithviraj Chauhan Delhi eroberte und seinen eigenen Tomar-Cousin von seinem Herrschaftssitz verdrängte (die Tomars und die Chauhans gehören beide der Kriegerkaste der Rajputs an). Die Tomar-Rajputs, aus Delhi hinausgedrängt, okkupierten das Gebiet um das Chambal-Tal südlich von Delhi und kämpften von dort aus gegen die neuen Herrscher im Norden. Später waren es die moslemischen Eroberer, die die Rajputkönige nach Süden verdrängten. Diese kämpften dann auch als *baghis* gegen die Fremderoberer. Die kriegerischen Traditionen und der Stolz der Rajput-Feudalherren von einst hatten sich in dem rebellischen Freiheitsdrang der *baghis* erhalten, meint man.

Die Anlehnung an die feudale Vergangenheit sieht man in der Namensgebung der großen Banditenanführer: "Dasyu Samrat Malkhan Singh", "Raja Man Singh" (*samrat* ist der Großkönig, *raja* der König).

Das hartnäckige Überleben des Banditentums im Chambal-Tal über Jahrhunderte hinweg ist eine Tatsache. Und allein mit der Armut und den Konflikten in den Macht- und Kastenhierarchien kann man das Banditentum des Chambal-Tals schlecht erklären; denn Armut und Unrecht gibt es überall in Indien, die *baghis* aber nicht.

Für die indische Banditenlegende ist der große Robin Hood des zwanzigsten Jahrhunderts ein Tomar-Thakur der Linie der Rajputs, verehrungsvoll "Raja Man Singh" genannt. Das einzige von ihm erhaltene Foto zeigt das feine, weiche Gesicht eines alten Mannes mit weißen Haaren und weißem Backenbart. Es ist ein sensibles Gesicht – hinter dem man eher einen alternden Künstler vermuten würde als den meistgefürchteten *dacoit* der vierziger und fünfziger Jahre. Sechzehn Jahre lang, von 1939 bis 1955, terrorisierte Raja Man Singh die Gegend des Chambal-Tals. In diesem Zeitraum beging er zusammen mit seiner Bande 185 Morde, 1102 Raubüberfälle und kassierte über 50.000 Rupien Lösegelder für entführte Personen. Sein Leben war wie ein jahrelanger Privatkrieg gewesen. Er beraubte angeblich nur reiche Landbesitzer, zwang sie, Gelder für Schulen und Tempel zu stiften, war großzügig und spendete Gelder für gute Zwecke. Das selten paradoxe Gesicht eines brutalen Menschenmörders und Wohltäters.

Das Bhind-Morena-Komitee zur Untersuchung von Verbrechen in den fünfziger Jahren beschäftigte diese Paradoxie: "Der Fall von Man Singh ist repräsentativ für die ganz eigentümlichen Probleme dieser Gegend. Er ist anscheinend kein Mann mit privaten Lastern. Es gibt Geschichten, die in heimlicher Bewunderung von ihm erzählen, wie er sich für gute Zwecke einsetzt, Informanten und Polizisten nur dann tötet, wenn er verfolgt wird, nur bestimmte reiche Menschen beraubt, Brahmanen respektiert und von ihnen gesegnet wird, wie er gelegentlich Grundbesitzer zwingt, für Schulen und ähnliche soziale Zwecke Geld zu stiften. Nach der Auffassung des Komitees ist die Haltung der Öffentlichkeit gegenüber solchen Verbrechen genau so ernst zu nehmen, wenn nicht noch ernster als das Verbrechen selbst."

Man Singhs Banditenleben fing an mit einer Blutfehde zweier Familien: zwischen seinem Vater, einem Thakur mit geringem Besitz, und seinem Machtrivalen im Dorf, dem reichen Brahmanen Tulfiram Pandit. Beide waren Familien hoher Kasten; keine war bereit, der anderen klein beizugeben. Ein kleiner Landstreit hatte die Animositäten ausbrechen lassen. In den blutigen Gruppengefechten, die darauf folgten, tötete Man Singh zwei Mitglieder der Familie Tulfirams. Er bekam dafür eine lebenslängliche Strafe und kam in das Zentralgefängnis von Agra. Eine vor sich hin grämende Frau und vier Söhne hinterließ er im Dorf.

Elf Jahre später, 1939, wurde er freigelassen. Zwei seiner Söhne waren in der Zwischenzeit ermordet worden. Man Singh konnte die Schuld dafür nur auf die Familie Tulfirams zurückführen. Seine Familienehre verlangte Rache. Kaum aus dem Gefängnis heraus, schlug der inzwischen ergraute 43jährige zurück gegen die Familie Tulfiram und tötete zwei Angehörige. Zusammen mit seinen Söhnen, Subedar Singh und Tehsildar Singh, floh er in die Schluchten und begann seine furchterregende Karriere als Bandit.

Als Indien 1947 unabhängig wurde, gab es eine allgemeine Amnestie und Man Singh kehrte zurück in sein Dorf, Khera Rathore (südlich von Agra). Er wurde zum anerkannten und verehrten Herrscher des Dorfs. Auf einer Anhöhe, die den Weg zum Dorf überblickte, ließ er mit dem Geld von seinen Raubüberfällen ein großes Haus bauen. Sein Vater war inzwischen tot; sein älterer Bruder war immer noch auf der Flucht. Er war jetzt das Haupt der Familie. In dem Dorf nahm er die Stellung eines freigiebigen Feudalherrn ein, der über Dispute entschied, den Armen half und mit seinem repräsentativen Prunk und seiner Religiosität die Bewunderung und Sympathie der Leute zu gewinnen wußte. Man sprach von den Extravaganzen seiner Feste, seiner *pujas* (Andachtsritual) und seinen Wohltätigkeiten den Armen gegenüber. Für eine kurze Zeit war er ein akzeptierter Mann. Ein indischer Robin Hood hat eben seine eigene Physiognomie.

Dieser Zustand hielt nicht lange an. Daß der inzwischen über fünfzig Jahre alte Mann wieder zu seinem wilden Leben des Mordens zurückkehren mußte, scheint unbegreiflich.

Netram, der Sohn der verfeindeten Familie Tulfirams, war nach der Unabhängigkeit auch mit seiner Familie nach Khera Rathore zurückgekehrt. Man Singh konnte die alte Blutfehde nicht vergessen; er kämpfte wieder gegen ihn und mordete vier nahverwandte Familienmitglieder von Netram. Kurz darauf tötete er Netram selbst, den einzigen überlebenden Sproß der Brahmanenfamilie Tulfirams.

Sein Banditenleben danach wurde brutaler und grausamer. Als sein Sohn, Tehsildar Singh, bei einem Überfall der Polizei verwundet und gefangengenommen wurde, schien der alte Bandit fast verrückt vor Wut und Schmerz zu sein, so unsäglich war seine Rache an allen, die er des Informantentums und des Verrats verdächtigte. Es ist merkwürdig, wie schnell die Volksphantasie solche Gestalten in der Erinnerung verklären kann.

Man Singh war fast sechzig Jahre alt, als er bei einem Angriff von der Polizei erschossen wurde. Mit ihm starb sein Sohn, Subedar Singh. Er hatte zusammen mit seinen Männern bei einer Mahlzeit unter einem Peepalbaum gesessen, als die Polizeitruppen sie überraschten. Die mit Seilen gebundenen Leichen von Vater und Sohn wurden am nächsten Tag öffentlich ausgestellt. Keiner konnte mit letzter Sicherheit daran glauben, daß der weißhaarige Mann wirklich der "Raja Man Singh" war, bis das verzweifelte Weinen seiner alten Frau beim Anblick seiner Leiche seine Identität endgültig bewies.

Er war kein Einzelgänger gewesen; *dacoity* (das Banditentum) war der Weg seiner Familie gewesen. Sein Vater hatte Kontakte zu den *dacoits*; sein Bruder, seine Söhne folgten ihm nach. Die Tradition setzte sich fort. Wenn man die Entwicklung und Entstehung neuer Banden seitdem verfolgt, denke ich, könnte man eine Beziehungsgenealogie der Banden nachzeichnen.

* * *

Die Rajputs, legendär bekannt für ihren Mut und ihre Tapferkeit, sind heute größere und kleinere Landbesitzer in den Unionsstaaten Madhya Pradesh und Uttar Pradesh. Ihre modernen "Fremdherrscher" können heute nur die Regierungen der jeweiligen Staaten mit ihrem Polizeiapparat sein. Die Landreformen seit der Unabhängigkeit Indiens, die dem Landbesitz Schranken setzten und die feudale Struktur auf dem Land zu ändern versuchten, lösten auch Unruhen und Konflikte in den sozialen Hierarchien aus, die von den Regierungen allein nicht mehr kontrolliert werden konnten.

Traditionellerweise gehörte das Land den Thakurs und den Brahmanen, die den feudalen Status von *zamindars* (Grundbesitzer) genossen, mit Pachteinzugsrechten, mit politischen, rechtlichen und administrativen Funktionen. Die erste Landreform im Jahre 1952 schaffte das *zamindari*-System ab mit großzügigen Entschädigungen für die *zamindars*. Die Reform blieb jedoch ein Stück kosmetische Arbeit und selbst die späteren Einschränkungen (30 Morgen als Höchstgrenze für den Besitz von Land) blieben ein unzulänglicher Versuch von Seiten des Gesetzes, etwas von dem großen Kuchen der Landbesitzer auch den Landlosen zugute kommen zu lassen. Die *zamindars* von früher wußten die Lücken der Gesetze und die Abhängigkeit und Unwissenheit der Kleinbauern auszunutzen, um ihre Macht weiterhin erhalten zu können. Die konfliktreiche Durchsetzung der Gesetze nahm ihre eigenen Formen an.

Ein Artikel der überregionalen Zeitung *The Times of India* veranschaulichte, auf welche drastischen Selbsthilfe-Programme die Leute zurückgreifen, um ihre Rechte bzw. Interessen behaupten zu können: "Ein Teil des Landes, das z.B. ein Thakur abgeben muß, bekommt ein *kurmi* (Landarbeiter). Oft genug liegt ein solches Stück Land innerhalb des Grundstücks des Thakurs. Wenn also der *kurmi* sein Land bewässern will, kommt es nicht in Frage, daß sein Wasser über das Land des Thakurs übergeleitet werden kann. Was soll er nun machen? Der Thakur seinerseits brennt vor

Wut darüber, daß Fremde, auch noch solche aus niederen Kasten, seine traditionelle Machtstellung mißachten. Er muß zusehen, wie die ehemaligen Landarbeiter und quasi Leibeigenen langsam selbst kleinere Landbesitzer werden. Was machen sie? Sie streiten miteinander, und der eine tötet den anderen. Der andere tötet seinen Bruder und schon ist eine Kastenfehde entbrannt."

Auf der lokalen Dorfebene, wo die reale Macht noch immer in den Händen des *sarpanch* (Dorfoberhaupt), der Landbesitzer und Geldverleiher liegt, sind die unteren Kasten von der Gefälligkeit dieser Herren abhängig. Polizei und Justiz, die demokratischen Machtinstrumente, die den kleineren Leuten auf dem Land helfen könnten, sind – auf direktem oder indirektem Wege – zumeist käuflich, und die reichere Seite hat in den meisten Fällen die besseren Beziehungen und die höheren Schmiergelder. Der Umgang mit den Rechtsinstitutionen, mit den Banken, das muß alles gelernt werden, und der einfache *kurmi*, der Hilfe braucht, um selbst einen kleinen Briefantrag zu stellen, wird pragmatischere, ihm bekanntere Wege suchen, um seine Rechte durchzusetzen. Resignation und Duldung, das ist der eine traditionelle Weg. Die unteren und mittleren Kasten, wie die der Mallahs, Ahirs, Gujars, Kurmis und Yadavs, zeigen immer mehr, daß sie wenig bereit sind, sich den Machenschaften der oberen Kasten auszuliefern und greifen zur gewalttätigen Selbsthilfe.

Die Gewalt ist in diesen Fällen meistens gegenseitig. Der Weg in die Schluchten bleibt für Angehörige der hohen und niederen Kasten offen. Es gibt von Thakurs dominierte Banden und von Mallahs dominierte Banden; die Gesetze des Brigantenlebens fordern aber auch, daß eine Gruppe sich aus verschiedenen Kastenangehörigen zusammensetzt mit aufgelockerteren Hierarchien. Die Entstehung von Gangs aus den mittleren und unteren Kasten soll in den letzten Jahrzehnten – als Pendant zu dem neu entstehenden Selbstbewußtsein dieser Kasten – einen Aufschwung bekommen haben. Diese Banden bilden heute einen gewalttätigen Halt ihrer Kasten im Kampf gegen die Macht der Thakurs und Brahmanen.

Das Zusammenspiel zwischen Politikern, Polizei und Banditen macht die Sache verwickelter. Die Thakur-Brüder-Gang wurde nach Phoolans Aussage von der Polizei gegen sie aufgehetzt; es war der Schutz der Polizei, meinte sie, der es dieser Gang möglich machte, die Mallahs ihrer Gegend unbehelligt zu tyrannisieren. Die Banden zögern auch nicht, Informanten und Verweigerer aus den eigenen Reihen erbarmungslos umzubringen.

Die am härtesten davon Betroffenen sind die Kastenlosen, die Harijans (Unberührbare – von Gandhi utopischerweise Kinder Gottes benannt), die keine Lobby bei den Banditen oder bei den Politikern haben. Chhabiram, ein Bandenanführer aus der Yadav-Kaste, der im März 1982, kurz vor seiner vorgesehenen Kapitulation, von der Polizei erschossen wurde, hatte seinen Terror nach oben und nach unten gerichtet. Er selbst stammte aus einer mittleren Bauernfamilie und war schon als Jugendlicher zu den Banditen übergelaufen. Thakurs und Harijans hatte er erbarmungslos umgebracht. Auch Angehörige seiner eigenen Kaste bekamen seine Gewalt zu spüren, allerdings nur, wenn er sie des Informantentums verdächtigte. Seine Bewunderer allerdings interessierten sich mehr für seine Heldentaten, wie er z.B. nach einem stundenlangen Schußwechsel mit der Polizei in der Nacht diese zum Rückzug zwang, um triumphierend eine neue Tempelglocke in einem Dorf anbringen zu können.

Die Massenbasis von Chhabiram war unbestreitbar. "Was kann die Polizei tun, wenn die Massen mit mir sind?" soll der 42-jährige Veteran der Banditen gesagt haben, als er einen ländlichen *durbar* (Empfang) für seine Bewunderer in seinem eigenen Dorf Harnagpur in Uttar Pradesh hielt. Vor dem Dorfbrunnen ließ er eine rituelle Andacht von Brahmin-Priestern halten, die er reichlich beschenkte. Von überall strömten die Menschen her für einen *darshan* (Ehre des Sehens, des Besuchs) dieses beliebten Banditen. Die Leute kamen zu Fuß, auf Fahrrädern, auf Traktoren und in Sonderbussen. Und das alles trotz Polizeiwarnungen und Strafandrohungen gegen alle, die nach Harnagpur gehen würden. Chhabiram genoß den Ruf eines Helfers der Armen und wurde ehrfurchtsvoll *netaji* (politischer Führer) genannt. Es sei ein Zustand wie bei einer Rebellion von Aufständischen gewesen, sagte ein resignierter Polizeibeamter.

Chhabiram hatte in diesen Februartagen ein Kapitulationsangebot bei den zuständigen Regierungsstellen eingereicht. In den vielen Jahren seines Banditenlebens hatte er gute Beziehungen mit Politikern von hohem Rang zu pflegen gewußt, die er angeblich bei ihrem Einzug ins Landesparlament von Uttar Pradesh unterstützt hatte. Selbstsicher, daß seine Beziehungen ihm Rückendeckung geben würden, zeigte Chhabiram sich der Öffentlichkeit auf ostentative Weise, noch bevor seine Kapitulation offiziell angenommen war. In der Tat, die Polizei hielt sich in diesen Tagen von Harnagpur fern, während Chhabiram sich die Ehren des Volkshelden erweisen ließ.

Chhabirams Kapitulationsversuch scheiterte; der damalige Landesminister von Uttar Pradesh, selbst ein Thakur, verweigerte seine Genehmigung dafür. Da nutzten auch seine Beziehungen zu den Parlamentsabgeordneten nichts. Drei Wochen nach seinem provokativen *durbar* in Harnagpur wurde Chhabiram erschossen. Nach stundenlangem Schußgefecht zwischen seiner Bande und der Polizei (ca. 5000 Polizisten wurden für die "Operation Chhabiram" eingesetzt) hatte die Polizei ihren Fang – Chhabiram und dreizehn seiner Bandenmitglieder. Während Polizei und Regierungsangehörige diesen Triumph mit *mithai* (Süßigkeiten) feierten, wurden die Leichen von Chhabiram und seinen Kompagnons, unzeremoniell an Pfählen festgebunden, auf dem Dorfplatz gezeigt. Ein Korrespondent des *Indian Express* bemerkte, daß die Menschen, die an den Leichen vorbeizogen, keinen Ausdruck der Freude zeigten.

Die Täuschung Chhabirams war für spätere Banden ein wesentlicher Grund, warum sie vorzogen, sich in Madhya Pradesh und nicht in dem benachbarten Uttar Pradesh zu ergeben. Phoolan Devi, Man Singh, Ghanshyam hatten alle ihr Mißtrauen gegen die Polizei von Uttar Pradesh offen gezeigt. Es wird behauptet, daß Uttar Pradesh (das Geburtsland von Indira Gandhi) heute noch eine der stärksten Bastionen des Kastengeistes sei. Der Hinweis auf die starke Thakur-Lobby im Landesparlament kann schlecht erklären, warum dies so ist, kann höchstens andeuten, daß Macht die Tendenz hat, sich zu tradieren. Der Landesminister von Madhya Pradesh, Arjun Singh, der bei der offiziellen Waffenniederlegung von Phoolan Devi und ihrer Bande präsidierte, ist nämlich auch ein Thakur, was offenbar kein Hindernis für Phoolans Kapitulation war. Die regionalen und individuellen Unterschiede in den Kastenressentiments sind groß; sie lassen sich nicht so schnell auf einen einfachen Nenner bringen.

* * *

Ohne die Unterstützung der einheimischen Bevölkerung könnte keine Bande der Outlaws überleben. Das ist eine simple Tatsache, die allen bekannt ist. Ohne ein Netz von Versorgungsmöglichkeiten, kurzfristigen Verstecken, Informationen und schweigender Rückendeckung konnte keine Bande in dem harten Terrain der Schluchten überleben. Die Banden schlagen ihre geheimen Quartiere zwar in den Schluchten selbst auf; fürs Essen und andere tägliche Notwendigkeiten brauchen sie aber ständig die Hilfe der Dorfbewohner. Die eigene Kaste ist meist die erste Stütze. Für die *dacoits* ist es deshalb wichtig, in den Gegenden ihrer Herkunft zu arbeiten. Die Großzügigkeit der Banditen bei Geldgeschenken hilft die Sympathie der Leute zu gewinnen. Die Verlockung der hohen Kopfgelder für die Banditen ist nämlich nicht klein. Werden die Banditen wegen

Polizeiverfolgungen gezwungen, ihr einheimisches Revier zu verlassen, müssen sie mehr mit *lathis* (Einsatz von Schlagstöcken) arbeiten, verlieren schnell ihre Aura als *baghis* und werden zu sozial stigmatisierten Verbrechern.

Die Gegend der Flüsse, wo die Mallahs dicht siedeln, war deshalb für Phoolans Operationen eine notwendige Basis. Malkhan Singh aus der Mirdha-Kaste (Landvermesser) konnte auf die Unterstützung der Bhadoria-Thakurs rechnen. Die Mirdhas werden von den Bhadoria-Thakurs hochgeschätzt und verehrt, hierbei spielen wieder legendäre Traditionen eine Rolle.

Als die Moghuln im späten 16. Jahrhundert das Herrschaftsgebiet der Bhadorias überfielen, konnte eine einzige Bhadoria-Prinzessin entkommen. Sie fand Zuflucht im Hause eines Mirdhas und brachte dort einen Sohn auf die Welt, der später als Rebellenprinz für seinen verlorenen Herrschaftssitz kämpfte. Die Bhadoria-Thakurs hatten seitdem ein besonderes Verbindlichkeitsgefühl den Mirdhas gegenüber. In der Gegend des Chambal-Tals, dem Wohngebiet der Bhadorias, konnte deshalb Malkhan Singh, ein Mirdha von Geburt, mit einer breiten Unterstützung rechnen.

Gegen die Härten des Banditenlebens half allerdings auch die Unterstützung der Bevölkerung wenig. Malkhans Disziplin – kein Alkohol, keine Zigaretten, keine Frauen, Nachtmärsche zu Fuß bis zu vierzig Kilometer weit, um das Quartier zu wechseln, neue Verstecksuche nach jeder Mahlzeit – gehörte zu seiner Legende. Phoolan erzählte, daß sie manchmal vier Tage lang ohne Essen aushalten mußten. Das Leben der Banditen sei hart; es sei hart für einen Mann und es sei hart für eine Frau, sagte sie in einem Interview, nicht daran interessiert, irgendeine besondere Rücksicht für sich als das schwache Geschlecht geltend zu machen.

Seitdem das Banditentum des Chambal-Tals ins Blickfeld der Öffentlichkeit geraten ist und die politischen Verbindungen zu dieser Welt der Gesetzlosen offenbar wurden (Beispiel Chhabiram), wird immer wieder gefordert, die

Waffen- und Munitionsquellen der Banditen aufzudecken. Wie notwendig auch die Unterstützung der Bevölkerung für das Überleben der Banditen ist, ohne Waffen und Munition hätten sie keine Chance.

Verdächtigungen gegen Polizei- und Armeepersonal bleiben nicht aus. "Es ist eine Ironie der Situation", schreibt der indische Kriminologe M. Z. Khan, "daß einige Mitglieder derselben Polizeiorganisation, deren Aufgabe es ist, die Banditen zu eliminieren, die Versorgungsquelle für Waffen und Munition werden." Seine Befragung in den Gefängnissen und Dörfern der Banditen hatte ergeben: Beamte in der Armee, bei der Polizei, in den Waffen- und Munitionsdepots der Regierung wurden häufig als die Bezugsquellen für die Waffen der Banditen genannt. Waffen und Munition, die bei einer Gefangennahme von Banditen in die Hände von Polizisten gelangten, konnten später wieder anderen Banditen zugute kommen: auf den offiziellen Listen tauchten nicht alle sichergestellten Waffen und Munition auf, ein Rest konnte unter der Hand entweder über den Direktverkauf oder über den Schwarzmarkt bei den Banditen landen. Die bei den Banditen beliebte Springfield kostet z.B. um die 8.000 Rupien – Anreiz genug für die schlechtbezahlten Polizisten, ihr Einkommen durch ein kleines Waffengeschäft aufzustocken.

Anhand der Markierungen der beschlagnahmten Waffen konnte aufgedeckt werden, daß manche Waffen den Verteilerdepots der Armee entstammten. Manche Waffenarten, wie z.B. Sten-guns und leichte Maschinengewehre, waren für den Verkauf verboten und nur für die Armee zugelassen. Die Erteilung von Waffenlizenzen ist heute eingeschränkt; in den durch die Banditen heimgesuchten Gegenden haben gefährdete Einwohner es allerdings leicht, Lizenzen zu bekommen. Kaufen können sie sich allerdings nur die Reicheren.

Für die Banditen sind offenbar weder Geld noch Lizenzen ein Hindernis, an Waffen heranzukommen. Von Mauser-

Gewehren (die die Banditen *panch-phera*, die mit den fünf Runden, nennen), Revolvern, Sten-guns bis zu den leichten Maschinengewehren (Bren-guns) wurde alle primitiveren und höherentwickelten Waffen gefunden.

Für die Banditen ist das Gewehr Statussymbol und zugleich weihevolles Andachtsobjekt. Die tiefe Religiosität der Banditen drückt sich auch in dem Verhältnis zu ihren Gewehren aus. Das Gewehr ist ihnen heilig. Bei einer Waffenniederlegung im Mai 1972 hatten manche Banditen vergoldete Plaketten der Göttin Durga an ihre Gewehre geheftet, damit ihr Schutz auf dieses lebenswichtige Instrument ausstrahlte.

Zwischen sanktionierter Gewalt der Polizei und gesetzloser Gewalt der Banditen sehen die Dorfbewohner keinen großen Unterschied. Ein Volksspruch in Uttar Pradesh drückt es klar aus: "*dusyu police ko ek bhesh hai*" (*dacoits* und Polizei sind das gleiche). Die Polizei genießt nicht gerade den Ruf des Helfers in der Not. Ihre Parteinahme für die Reichen und Mächtigen entspricht den Erwartungen. Man weiß, daß die Polizisten schnell bei der Hand sind, Unschuldigen auf Druck von der anderen Seite Anklagen anzuhängen. Polizisten, die es besser machen wollen, müssen gegen dieses Mißtrauen kämpfen.

Die Banditen genießen anscheinend mehr Vertrauen unter den Einwohnern der Gegend als die Polizisten. Polizeioffiziere erzählten selbst von der freundlichen Aufnahme, die sie bei Dorfbewohnern fanden, als diese dachten, mit Banditen zu tun zu haben. Täuschungen sind leicht möglich, da Banditen häufig Polizeiuniformen tragen, oft mit den Insignien von Polizeioffizieren. *India Today* berichtete, wie der Superintendent der Polizei in Jalaun, Uma Shankar Vajpayee, von dem besonders freundlichen Empfang in einem Dorf überrascht wurde, als er seinen Posten gerade neu bezogen hatte; die Leute hatten ihn mit Bandenführer Mustaqueem verwechselt. Als sie herausfanden, daß er der neue Superintendent war, kühlte ihre Freundlichkeit merklich ab. Auch die Polizeiinspektorin Asha Gopal erzählte von ihrer Erfahrung mit Dorfeinwohnern, die ihr und dem sie begleitenden Polizisten gastfreundlich Tee vorsetzten, als sie sich als Banditen ausgaben. Nach der Schießerei mit den eigentlichen Banditen konnten sie nicht mehr verbergen, daß sie Polizisten waren. Beim nächsten Mal war für die kühl beäugten Gäste der Tee gerade ausgegangen.

Kapitulationen

Vor zwei eingerahmten Bildern, dem von Mahatma Gandhi und dem der Göttin Durga – nebeneinander hingestellt –, legten Phoolan Devi und alle anderen sich ergebenden Banditen bei der Kapitulationszeremonie ihre Waffen nieder. Vor der Göttin Durga, die mit all ihren Emblemen der Gewalt ihre Anbeter zu schützen verspricht, und vor Mahatma Gandhi, dem nationalen Symbol der Gewaltlosigkeit. Ein symbolischer Akt mit der Bedeutung: Wir geben das Leben der Gewalt für ein Leben der Gewaltlosigkeit auf. So erläuterte es zumindest der Landesminister Arjun Singh, als er nach der Bedeutung dieser Bilder auf dem Podest gefragt wurde. Dieselbe Erklärung hatte auch J. P. Narayan gegeben, als er vor elf Jahren bei den Massenkapitulationen der Banditen des Chambal-Tals präsidierte; auch damals hatten die Banditen ihre Waffenniederlegung zeremoniell begangen, indem sie sich vor einem großen Porträt von Mahatma Gandhi verbeugten und ihre Waffen davorlegten.

Phoolan Devis spektakuläre Waffenniederlegung im Februar 1983 war nicht die erste dieser Art. Ein Jahr zuvor hatte sich der "Herrscher" Malkhan Singh am selben Platz in Bhind zusammen mit neunzehn Mitgliedern seiner Bande ergeben. Noch ein Jahrzehnt davor hatte das Chambal-Tal etwas Einmaliges erlebt: Von April bis Mai 1972 hatten über 400 Banditen – unter ihnen manche gefürchteten Anführer – öffentlich die Waffen niedergelegt. "Das Wunder, das hier geschehen ist", hatte J.P. Narayan damals mit Stolz und bewegter Stimme gesagt, "konnte nur in Indien stattfinden."

The Illustrated Weekly of India (eine vielgelesene Wochenzeitschrift) brachte damals ein Interview mit J. P. Narayan (führender Sozialist und Unabhängigkeitskämpfer), durch dessen politische Initiative die Kapitulationen zustande gekommen waren. Man fragte ihn, was für eine Philosophie ihn zu der Initiative inspiriert hatte. Seine Antwort darauf: "Die philosophische Basis dahinter ist dieselbe wie Gandhis Idee des Vertrauens in die Veränderbarkeit des Menschen, die Idee von *bhoodan* (Landschenkungen) und *gramdan* (Dorfschenkungen, Kommunalisierung von Dorfland), die Idee, daß das Menschenherz sich verändern kann, wenn man es auf die richtige Weise versucht; daß niemand für die Gesellschaft völlig verloren ist und daß die Banditen des Chambal-Tals keine Ausnahme sind. Die Philosophie dahinter ist ähnlich der Philosophie des modernen Strafgedankens, daß der Kriminelle resozialisiert und nicht bestraft werden sollte."

Für das jahrhundertealte Problem des Banditenterrors in Indien hatte es bislang die eine altbewährte Kampfmethode gegeben: Hetzjagd, bewaffnete Konfrontationen und kugeldurchlöcherte Leichen. Über kurz oder lang wurden die Banditen niedergeschossen. Das war die Politik der Engländer in Indien und der indischen Fürsten; nach der Unabhängigkeit übernahm die Polizei und gelegentlich die Armee die schwierige und brutale Aufgabe, die Banditen auszumerzen. Ob die Banditen bei wirklichen oder vorgetäuschten Schußgefechten erschossen wurden, das wurde kaum nachgeprüft. Es gibt Fotos, die stolze Polizei-Offiziere in aufrechter Haltung zeigen, wie sie hinter einer ganzen Reihe von Banditenleichen posieren, als ob sie gerade Prachttiger erlegt hätten!

Mit dem ersten Versuch, die Banditen zu einer gewaltlosen Kapitulation zu bewegen, hatte Acharya Vinoba Bhave, anerkannter Schüler und Nachfolger von Mahatma Gandhi,

Anfang der sechziger Jahre begonnen. Vinoba Bhave wollte Gandhis Prinzipien der Gewaltlosigkeit bei der Bekämpfung des Banditenproblems anwenden. "Auch das Herz eines Banditen kann sich verändern", war die gewaltlose Parole dieses altehrwürdigen Gandhianers in seiner Mission gegen die Gewalt der Banditen. Nach Gandhis Ermordung, kurz nach der Unabhängigkeit, war es Bhave, der sich zum politischen Ziel setzte, im unabhängigen Indien die Prinzipien von Gandhi beim Neuaufbau des Landes zu verwirklichen. Nicht auf parlamentarischem Weg und nicht durch eine Parteiengründung, sondern durch die Bildung eigener politischer Kompetenz in jedem einzelnen. Bhave nannte das die dritte Macht, die Eigenmacht des Volkes, *jana-shakti*, im Unterschied zu der zwingenden Macht des Staates, *danda shakti*, und der Macht der Gewalt, *himsa shakti*. (Übersetzt in Kategorien westlichen politischen Denkens könnte man vielleicht "die dritte Macht" verstehen als Macht von Bürger-Initiativen, für die eine gewaltlose Gesellschaft Mittel und Ziel ihrer Arbeit ist.)

Zusammen mit einer Gefolgschaft von Helfern unternahm er einen *padyatra* (Fußmarsch) durch die Schluchten des Chambal-Tals, um mit Banditenführern zu sprechen und sie zur Kapitulation zu bewegen. Bhave war zu dieser Zeit eine anerkannte, führende Persönlichkeit der unabhängigen politischen Sphäre; er hatte schon Erfahrungen gemacht mit solchen Aktionen. In den fünfziger Jahren hatte er sich mit den *bhoodan*-Aktionen einen Namen gemacht und die *bhoodan*-Bewegung ins Leben gerufen. Damals war er mit seiner "Friedens-Armee" durch Telengana in Andhra Pradesh gezogen mit der Forderung an die Landbesitzer, einen Teil ihres Landes den Landlosen zu schenken. "Ich komme, um Euch mit Liebe auszurauben", so formulierte eine Zeitschrift die politischen Aktionen des *bhoodan*.

"Ich fordere ein Sechstel des Landes", hatte er selbst gesagt. "Es gibt um die fünfzig Millionen landlose Menschen in unserem Land. Für sie fordern wir fünfzig Millionen

Morgen Land, das sind ca. ein Sechstel des guten verfügbaren Bodens in Indien . . . Ich verlange von den Landbesitzern, von ihrer eigenen Erfahrung ausgehend, sich vorzustellen, wie die Situation derjenigen ist, die kein Land haben. Wenn Ihr Euch deren Situation vorstellen könnt, dann seid Ihr dazu verpflichtet, das was Ihr mehr habt, mit ihnen zu teilen. Das ist Euer *dharma* (Lebenspflicht des Hindus)."

So unglaublich wie es sich anhören mag, Bhave hatte wirklich nichts anderes gemacht, als mit solchen Reden und mit Gebeten zu Fuß durch das Land zu ziehen und Landschenkungen, *bhoodan*, zu fordern. Bhaves Bewegung war in den Anfangsjahren erfolgreich, auch wenn das anvisierte Ziel – ein Sechstel des ganzen fruchtbaren Landes für die Landlosen zu gewinnen – ein Traum bleiben sollte; 1952 erhielten sie 10.000 Morgen Land geschenkt; im nächsten Jahr waren es mit Hilfe des Congress 2,2 Millionen Morgen. Von diesem Erfolg ermutigt, weitete Bhave sein Programm aus: von *bhoodan* ging er zu *gramdan* und *sampattidan* (Vermögensschenkungen) weiter. Zu seinen führenden Mitarbeitern gehörte auch J. P. Narayan, der sich später für die Banditenkapitulationen einsetzen sollte.

Die Agrarrevolution muß auch eine Revolution des Herzens sein, war Bhaves Gedanke. Die Menschen müßten selbst das Wohl ihrer Mitmenschen wollen, nicht durch Gesetz oder durch Gewalt dazu gezwungen werden. Dasselbe Prinzip legte er seiner Friedensmission bei den Banditen zugrunde. Die Entstehung dieser Aktion hatte einen dramatischen zeitgeschichtlichen Hintergrund.

Bhave bekam einen Brief von Tehsildar Singh, dem einzig überlebenden Sohn des Banditenkönigs Man Singh, der 1955 erschossen wurde. Tehsildar Singh war 1954 noch zu Lebzeiten seines Vaters verhaftet worden und saß seitdem in Haft. Seine vielen Strafprozesse waren in den letzten Instanzen entschieden worden, und es stand fest, daß er hängen sollte. Zu dieser Zeit schrieb Tehsildar Singh seinen

Brief an Vinoba Bhave, mit der Bitte, Bhave möge den letzten Wunsch eines zum Tode verurteilten Mannes erfüllen und sich einem Gespräch mit ihm widmen. Das Ergebnis dieses Briefes war, daß Bhave sich auf Tehsildar Singhs Bitte in das Chambal-Tal begab, um die Banditen zur Kapitulation zu überreden. Manche Banden, die zu jener Zeit das Chambal-Tal terrorisierten, hatten Anführer, die der Bande von Man Singh, dem Vater von Tehsildar Singh, zugehört hatten. Bhaves Kapitulationsappell an die Banditen war also zugleich ein Appell von dem Sohn des ehemaligen Chefs, sich zu ergeben.

Der Journalist und Schriftsteller T. K. Bhaduri, guter Kenner der Banditenszene, der Bhaves "revolutionäre Friedensmission" im Chambal-Tal begleitete, hat in seinem Buch "Chambal. Das Tal des Terrors" (1972) ausführlich von den brisanten Hintergründen und dem Verlauf dieser Aktion berichtet.

Er erzählt von den entmutigenden Erfahrungen der Friedenstruppe – einem ganzen Haufen von Helfern, Bewunderern und Reportern –, wie sie einen Monat lang unter sengender Sonne durch die Schluchten marschierten und noch kein Bandit den Willen gezeigt hatte, "das Herz zu verändern". Bhave hielt seine Gebetsversammlungen regelmäßig ab und munterte seine Gefolgschaft auf. "Ich bin auch ein *baghi*. Es gibt Rebellen überall, auch in Delhi", hatte Bhave gesagt. Niemand sei nur gut und niemand sei nur böse. Er fordere die *baghis* auf, sich zum Guten in sich zu bekennen und sich zu ergeben. Während Bhave mit seiner Präsenz dem Camp eine würdevolle Aura verlieh, sorgten sich seine Helfer um die praktische Organisation der Dinge: seine rechte Hand, der *sadhu*-General Yadunath Singh, fuhr unermüdlich bei brütender Hitze mit seinem Fahrrad durch die Gegend, um für die Kontakte mit den Banden zu sorgen.

Und dann schließlich kamen sie. Zunächst waren es drei Banditen, die sich ergaben; am Ende waren es zwanzig Männer – die restlichen Mitglieder der alten Bande von Man

Singh –, die vor Vinoba Bhave die Waffen niederlegten. Unter ihnen waren die seit Jahren gesuchten und gefürchteten Anführer Lukka und Kanbai. T.K. Bhaduri schreibt von der euphorischen Stimmung des ganzen Camps, wie sie zusammen mit den zwanzig kapitulierwilligen Banditen zum letzten Stück Fußmarsch ins nächste Dorf, Kadora, aufbrachen:

"Am nächsten Morgen ging der Marsch in Richtung Kadora weiter. Aber es hatte sich jetzt alles völlig verändert. Es war ein einmaliges und unvergeßliches Bild. Mit ihren Gewehren über den Schultern, die Patronengürtel quer über die Brust geschnallt, wurden die Banditen in den schwarzen Autos der Polizei vorbeigefahren, während Tausende von Leuten ihnen jubelnd und schreiend folgten. Hunderte von Leuten flankierten die Straßen, um diese "Helden" zu begrüßen. Selbst Filmstars hätten sie darum beneidet. Und ganz vorne führte die schmächtige Figur von Vinoba Bhave diese eigenartige Prozession, die durch Tore, Arkaden und an wehenden Bannern des Willkommens vorbeimarschierte."

Vinoba Bhave hatte mit dieser Aktion einen historisch neuen Schritt in der Geschichte der Banditenbekämpfung eingeleitet. Alle Banditen, die sich vor ihm ergaben, wurden vor Gericht gestellt und strafrechtlich verurteilt. Manche wurden nach ihrer Haftzeit wieder in die Freiheit entlassen. Keiner kehrte zurück zu seinem Banditenleben. Durch Präsidentenerlaß wurde die Todesstrafe von Tehsildar Singh aufgehoben.

Für J.P. Narayan, der diese erste Initiative im Jahre 1972 mit spektakulärem Erfolg fortsetzte, war es ein schlagendes Argument, daß keiner der Banditen, die sich Bhave ergeben hatten, zu seinem früheren Leben zurückgekehrt war. Das Leben im Chambal-Tal hatte sich aber nicht verändert. Neue, raffiniertere Banden waren in den sechziger Jahren entstanden; ihre Waffen und ihre Methoden hatten sich verfeinert. Der Polizeieinsatz gegen die Banditen wurde intensiviert; die "anti-*dacoity*-operations" liefen auf Hochtouren. Allein im Jahr 1971 wurden im Chambal-Tal und den Bundelkhand-Regionen 154 Banditen erschossen und 599 gefangengenommen. Unglaubliche Zahlen, die einem fast glaubhaft machen könnten, daß tatsächlich unter jedem Stein in den Dörfern des Chambal-Tals ein Banditennest entstehen würde. Die großen, gefürchteten Namen dieser Zeit waren die Banden von Madho Singh, gesucht mit einem Kopfgeld von 15.000 Rupien, Mohar Singh, mit dem zu dieser Zeit höchsten Kopfgeld von 25.000 Rupien, Moorat Singh, Pancham Singh und Nathu Singh.

Es war eigentümlicherweise kein anderer als der gefürchtete Bandenchef Madho Singh selbst, der J.P. Narayan darum bat, sich für eine Waffenniederlegung der Banditen einzusetzen. J.P. Narayan hat in dem schon zitierten Interview von seiner ungewöhnlichen Begegnung mit Madho Singh berichtet:

"Anfang Oktober 1971 kam ein Mann zu mir in meine Residenz in Patna, und mein Büro schickte ihn hinauf zu mir. Er kam im Namen der Banditen des Chambal-Tals und gab seinen Namen als Ram Singh an. Er war gekommen, um mich zu bitten, mich ihrer Sache anzunehmen. Er sagte, er habe schon Kontakt mit Vinoba aufgenommen, und Vinoba habe ihm gesagt, er solle zu mir gehen. Ich zögerte, diese Aufgabe auf mich zu nehmen. Dann, plötzlich, offenbarte er mir seine wirkliche Identität und sagte, er sei Madho Singh. Ich hatte von dem berüchtigten Banditen gehört und sagte ihm, mit seinem Besuch bei mir sei er ein großes Risiko eingegangen, denn er wurde doch mit einem Kopfgeld von 15.000 Rupien gesucht. Er sagte: 'Wir haben Vertrauen zu Ihnen, deshalb bin ich gekommen.' Er betonte immer wieder eins – wenn ich die Arbeit auf mich nehmen würde, würde es diesmal nicht nur um die Kapitulation von ein paar Banditen gehen, sondern um eine Lösung des ganzen Banditenproblems in der Gegend. Also, am Ende hatte ich ihm zugestimmt."

So begann J.P. Narayan mit einer intensiv vorbereiteten Friedensmission im Chambal-Tal, deren Erfolg im April/

Mai 1972 die Erwartungen aller Beteiligten übertraf. Die Helfer der "Gandhi-Friedens-Mission" (so nannte sich die Initiative auf der lokalen Ebene) übernahmen die Arbeit der Kontaktaufnahme in den Schluchten und Dörfern. Tausende von Flugblättern mit J.P's Appell zur Waffenniederlegung wurden in der Gegend verteilt, Gespräche mit Ministern fanden statt. Zwei auffallende Helfer dieser Initiative, die bei der Kontaktaufnahme und Überredung der Banditen eine bedeutende Rolle spielten, waren die Banditenveteranen Tehsildar Singh, der schon bei Bhaves erster Aktion im Chambal-Tal vom Gefängnis aus tätig war, und Lukka, der Banditenchef, der sich Bhave ergeben hatte. Ein wundersames Ereignis in der Geschichte des Banditentums – legendäre Banditenfiguren auf der Suche nach ihrer Banditennachkommenschaft in den Schluchten, um sie zur Kapitulation zu bewegen.

Die Arbeit der Kapitulationsinitiative ging nicht ohne Kritik und Kontroversen über die Bühne. Noch genauer, es war der außergewöhnliche Erfolg der Initiative, der sie ins Schußfeuer der Kritik brachte. Die Waffenniederlegungen von über vierhundert Banditen – unter ihnen solche Banditenkolosse wie Madho Singh, Mohar Singh, Pancham Singh, Nathu Singh –, so etwas Einmaliges konnte nicht stattfinden, ohne daß es zu einer Art riesigem Volksfest ausartete. Um die 20.000 Menschen sollen in die kleine Stadt Jaura hineingeströmt sein, um den berüchtigten Banditenanführern bei ihrer Waffenniederlegung zuzujubeln. "Macht keine Helden aus den Banditen!", kamen die Proteste der Kritiker, eine Kritik, die sich bei jeder größeren Kapitulationszeremonie wiederholte. Die Verantwortlichen hatten es an diesem Punkt leicht mit der Antwort darauf: "Nicht wir machen sie zu Helden, die Leute tun es!"

Bei seinen Verhandlungen mit den zuständigen staatlichen Stellen hatte J.P. Narayan einige begünstigende Bedingungen für die kapitulierenden Banditen ausgehandelt, zwar keine vollständige Amnestie, aber doch wesentliche Erleichterungen: keine Vollstreckung von Todesstrafen, keine Handschellen, offene Gefängnisse, anständige Essensrationen. Seine Ideen für die Rehabilitation der Banditen waren viel weiter gegangen, blieben aber zunächst eine Utopie. Er hatte die Errichtung von einer Anzahl offener Gefängnisse in der Art von *ashrams* (einfache, hinduistische Einsiedelei) vorgeschlagen, mit Möglichkeiten für die ehemaligen Banditen, Land zu bebauen und andere Tätigkeiten der Heimindustrien zu erlernen und auszuüben. "So könnten ihre unbestreitbaren Energien und Führungsqualitäten für den Aufbau eines neuen Lebens mobilisiert werden", hatte der populäre Organisator der Kapitulationen hoffnungsvoll erzählt.

Die vielen *ashrams* blieben eine schöne, utopische Rehabilitationsidee, einige ehemalige Bandenanführer allerdings schlugen die erstaunlichsten Wege ein, um nach ihrer Haftzeit ein neues Leben für sich aufzubauen. Mohar Singh (heute fast fünfzig Jahre alt und viel runder geworden seit seiner Banditenzeit), damals auf der Flucht mit 25.000 Rupien Kopfgeld, wurde Landwirt und widmete sich der Politik als Anhänger der Congress Partei. "Ich glaube, ex-*dacoits* haben eine sehr gute Chance in der Politik", sagte er zu einem Reporter. "Schließlich haben sie ja ein gutes Image als Helden." Das war etwas, was bei aller Kritik keiner hätte verleugnen oder verändern können. "In ihren eigenen Gegenden", sagte der Reporter, "sind die beliebten Banditenfiguren populärer als Indira Gandhi oder Amitabh Bacchan (Kinoheld der letzten Jahre)!"

Pancham Singh, der sich 1972 ergeben hatte, leitet heute in Lahar, einem kleinen Dorf in Madhya Pradesh, zusammen mit seiner Tochter, eine kleine Raj-Yoga-Schule. Er ist eifriges Mitglied der religiösen Sekte der Brahma-Kumaris, die Gott Shiva verehren. Erst durch die Ergebung an Gott Shiva konnte er wirklich mit seiner Vergangenheit fertig werden, meinte er. Zur Zeit von Phoolan Devis Kapitulation soll er sie per Telegramm aufgefordert haben, sich ebenfalls dem Gott Shiva zu ergeben und den Brahma-Kumaris anzuschließen.

Die farbigste Entwicklung machte wohl der berüchtigte Madho Singh durch. Er ließ sich von einem Freund in die Zauberkunst einweihen und zog mit seinem Namen Massen an bei seinen großangelegten Vorführungen in Gwalior und anderen Städten von Madhya Pradesh. (Die Werbung für seine Vorführungen sah sich nicht im geringsten veranlaßt, verbergen zu müssen, daß der Zauberkünstler kein anderer als der einst mit 15.000 Rupien gesuchte Banditenchef war – vielmehr, man kündigte das offen als Lockmittel an. Aus indischen Zeitungen konnte ich entnehmen, daß Madho Singh in den Sommermonaten 1982 eine Tournee durch die Bundesrepublik geplant hatte, um seine Zauberkunst auf Wohltätigkeitsveranstaltungen für Behinderte vorzuführen. Ich habe allerdings nicht herausfinden können, ob er seine Pläne realisieren konnte oder nicht.)

Wenn man einen Beweis gebraucht hätte, daß, wie J.P. Narayan sagte, es keinen Sinn hatte, die Banditen zu verdammen mit einem "Du bist Bandit, du bist Bandit, du bist Bandit" –, war er mit diesen Lebensläufen auf jeden Fall geliefert. "Die meisten von denen, die sich ergeben", stellte J.P. fest, "sind Personen, deren Familien Opfer irgendeiner sozioökonomischen Ungerechtigkeit von seiten irgendwelcher kleinerer Beamten, der Polizei oder der Dorfinstitutionen geworden waren. Weil sie schnell erregbare Menschen sind, reagierten sie auf die Provokationen mit irgendeiner Gewalttat und flüchteten daraufhin in die Schluchten. Da für sie ihr erstes Verbrechen die Vergeltung einer Ungerechtigkeit war, betrachteten sie sich als *baghis*. Deshalb ist das nicht nur ein einfaches 'law and order'-Problem, sondern ein sozioökonomisches und psychologisches Problem. Alle, selbst staatliche Untersuchungskomitees, erkennen das an."

Nach 1972, nach dem Erfolg dieser Aktion, wurde die freiwillige Waffenniederlegung zu einer akzeptierten Alternative zu den tödlichen "encounters" (Schußgefechte zwischen

Polizei und Banditen). Immer wieder ergaben sich einzelne Banden und Banditen der Polizei; bei schwierigen Fällen bemühten sich Politiker und Polizeioffiziere darum. Als seit Mitte der siebziger Jahre sich wieder eine neue Generation von Banditen – Malkhan Singh, Baba Mustaqueem, Ghanshyam, Babu Gujar, Vikram Mallah, Phoolan Devi – mit ihren Rachemorden, Raubüberfällen und Entführungen einen Namen machte, griff die Polizei verstärkt zurück auf die altbewährte militärische Methode der Eliminierung von Banditen mit "encounters". Das Operationsgebiet der großen Banden war diesmal mehr auf der anderen Seite der Grenze, in Uttar Pradesh. Innerhalb von weniger als zwei Jahren wurden 3.000 Banditen in Uttar Pradesh getötet. (Mir kamen diese Zahlen so unglaublich vor, daß ich hoffte, daß meine Quellen – K. Mukherjee und B.R. Singh in *The Week* – einem Irrtum erlegen seien. Govind Singh gab in dem Buch "Dasyu sundari. Phoolan Devi" allerdings ähnliche Zahlen an: 1980 wurden in Uttar Pradesh 1.080 Banditen getötet und 10.427 gefangengenommen!)

Die "encounter"-Hetzjagd auf die großen Banden von Malkhan Singh, Ghanshyam und Phoolan Devi zwang sie schließlich auch, sich zu ergeben. Nicht in Uttar Pradesh, sondern im benachbarten Madhya Pradesh, wo sie sich bessere Chancen ausrechneten, nicht in eine Polizeifalle zu geraten, wie Chhabiram im März 1982. Sie hofften bei ihrer Kapitulation auf erleichterte Haftbedingungen und mildere Strafbehandlung, so wie es seit den Kapitulationen von 1972 üblich war.

PHOOLAN DEVI ZEIGT SICH

Keiner hätte in den anderthalb Jahren nach Phoolan Devis aufsehenerregenden Morden an den Thakurs in Behmai daran geglaubt, diese inzwischen zu einer Legende gewordene Banditenkönigin einmal wirklich sehen zu können. Keiner dachte an ihre Kapitulation. Zu oft schon hatte die Polizei geglaubt, sie fest in die Falle gejagt zu haben. Phoolan Devi und Man Singh konnten jedesmal auf die unglaubwürdigste Weise entkommen, aber ihre Bande schrumpfte zusammen und ihre Zufluchtsmöglichkeiten reduzierten sich sehr schnell. Schlimmer noch, sie waren von ihren örtlichen Versorgungsquellen abgeschnitten. Einige Zeit lang, in der ganzen zweiten Hälfte des Jahres 1981, tauchten sie völlig unter, vermutlich im Dickicht des Dschungels. Keine Raubüberfälle, keine Entführungen. Es wurde still um sie.

Ende 1981 schloß sich ein Abtrünniger von Malkhan Singhs Bande ihnen an. Er fand sie in sehr schlechter Verfassung vor; sie tarnten sich zu dieser Zeit als Holzhacker. Später kam eine weitere Hilfe hinzu: Surendra Nath Tomar, ein Bandit der Rajput-Tomar-Kaste, machte gemeinsame Sache mit ihnen. Langsam bauten sie ihre Kräfte wieder auf und schafften es, sich bis zur Grenze zwischen Uttar Pradesh und Madhya Pradesh vorzutasten. Dort schlugen sie Quartier auf bis Ende 1982. In einer bewaffneten Konfrontation mit

Phoolan Devi bei ihrer Kapitulation am 12. Februar 1983 in Bhind im indischen Unionsstaat Madhya Pradesh

Phoolan Devi mit ihrem Gefährten Man Singh Yadav

Vor dem Ministerpräsident von Madhya Pradesh, Arjun Singh, legt Phoolan Devi die Waffe nieder

Die Banditin grüßt mit den traditionell gefalteten Händen die Zuschauer

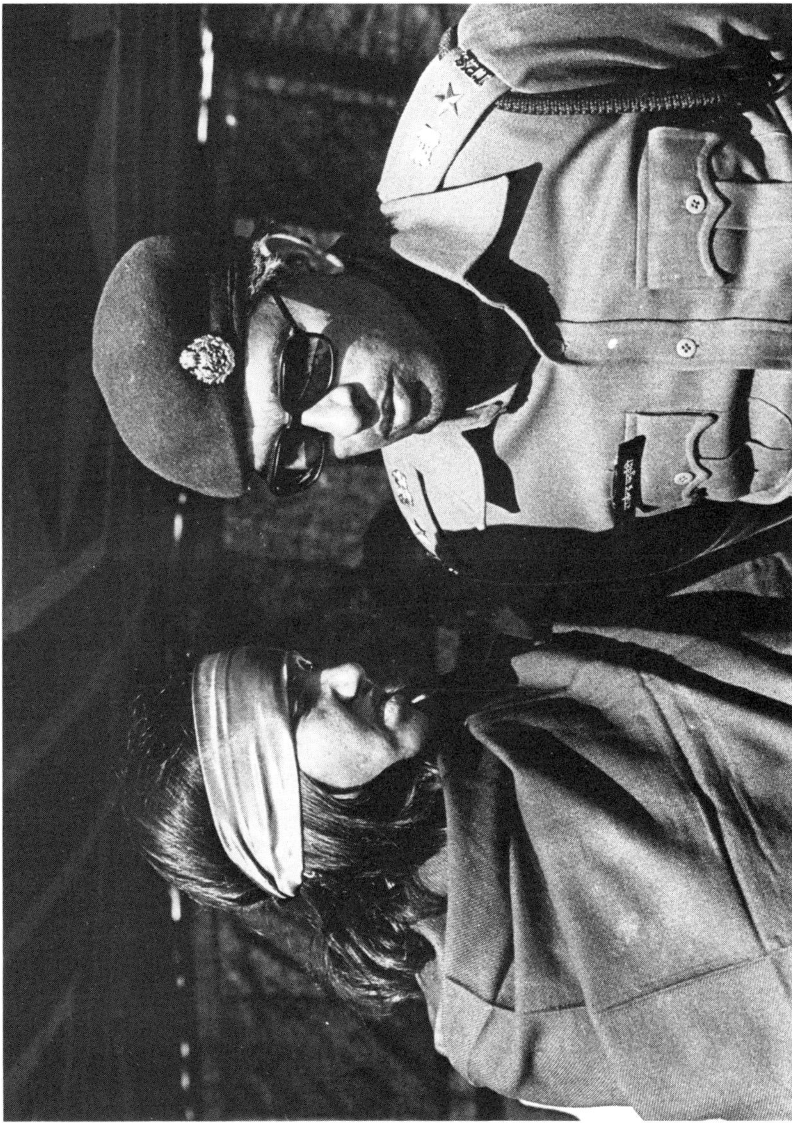

Phoolan Devi mit dem Polizeipräsidenten Rajendra Chaturvedi, mit dem sie die Kapitulationsverhandlungen geführt hatte

Zum Zeichen ihrer Kapitulation berührt Phoolan Devi die Füße von Ministerpräsident Arjun Singh

Eine riesige Menge von Schaulustigen fand sich in Bhind ein, um bei der Kapitulationszeremonie die legendäre Banditin zu sehen

Phoolan Devi und Man Singh auf dem Weg ins Gefängnis

Zwei indische Bücher über Phoolan Devi

Familienangehörige von Phoolan Devi in Bhind während der Kapitulation

Banditen aus der Gang von Ganshyam Singh, der sich mit Phoolan Devi zusammen der Polizei ergab

Die Leichen erschossener Banditen werden für die Öffentlichkeit ausgestellt

Die Menge jubelt dem Banditenanführer Ganshyam Singh zu, nachdem auch er kapituliert hat.

Phoolan mit einem Mitglied ihrer Bande hinter Gittern. Sie warten auf den Abtransport ins Zentralgefängnis von Gwalior

der Polizei im November 1982, auf die sie überhaupt nicht vorbereitet waren, wähnte man Phoolan Devi tödlich getroffen; sie kam mit einer Verwundung davon.

Mit der Unterstützung von Muslim (dem Bruder von Mustaqueem), der früher auch Malkhan Singhs Bande angehörte, verließ Phoolan Devi die Landesgrenzen von Uttar Pradesh und fand Unterschlupf in Bhind, im Territorium des Unionsstaates Madhya Pradesh. Hier in Madhya Pradesh unternahm sie Bemühungen, Fühler zu der Polizei auszustrecken wegen einer möglichen Kapitulation. Anfang Januar ließ sich der Superintendent von Bhind, Rajendra Chaturvedi, von einem Kontaktmann zu ihr in die Schluchten führen. Er ging unbewaffnet, nahm Fotos von ihrer Familie mit zu ihr, und es gelang ihm, ihr Vertrauen zu gewinnen. Sie war überglücklich, nach so langer Zeit ihre Mutter und ihre Schwester wenigstens auf Fotos sehen zu können. Er fragte sie, warum sie ein *baghi* geworden sei. Sie erzählte ihm von ihrer unglücklichen Ehe, ihrer Erniedrigung und Mißhandlung durch Männer, von dem Landstreit zwischen ihrem Vater und ihrem listigen Onkel, vom Mord an ihrem Freund Vikram Mallah.

Vor allem anderen wollte sie ihre Familie wiedersehen; es war die erste Bedingung ihrer Kapitulationsbereitschaft, daß sie ihre Familie würde wiedersehen können. Ihre Familie sollte aus ihrem Dorf nach Madhya Pradesh gebracht werden, damit sie mit ihrer Mutter und Schwester sprechen könne, noch bevor sie die Waffen niederlegte. Der Superintendent Rajendra Chaturvedi (der später in einer Erklärung für die Presse von dieser Begegnung ausführlich erzählte) versprach, ihr diese Bedingung zu erfüllen. (Sie konnte tatsächlich nachher mit ihrer Familie zusammenkommen.) Das war Phoolan Devis erstes offizielles Gespräch über eine mögliche Kapitulation. Einen Monat später ergab sie sich.

Auf einer feierlichen Zeremonie in Bhind legte sie am 12. Februar 1983 die Waffen nieder. Ihr Gefährte Man Singh Yadav und sechs weitere Mitglieder ihrer Bande ergaben sich mit ihr. Auch der gefürchtete Baba Ghanshyam und seine Bande – fünfzehn Männer und eine Frau – legten ihre Waffen bei der offiziellen Feier nieder. Baba Ghanshyam, eine große stattliche Figur mit langen, wehenden Haaren bis zu den Schultern und einem langen dichten Bart und einer *mala* (geweihte Kette) um den Hals, machte eher den Eindruck, ein *sannyasin* (Meditationsschüler) zu sein als ein Banditenführer. Seine Waffe, ein "self-loading-rifle", die angeblich 250.000 Rupien wert war und die er stolz vor dem Bild der Göttin Durga niederlegte, hatte allerdings keinem *sannyasin* gehört. Phoolan Devi war bei alldem der Mittelpunkt des Ereignisses.

Es war ein milder, sonniger Wintermorgen. Auf der Dachterrasse eines örtlichen *mahavidhyalaya* (College) in Bhind, die das große Gelände ringsum überblickte, war eine Ehrentribüne errichtet worden, wo die Banditen ihre Waffen vor dem Landesminister von Madhya Pradesh niederlegen sollten. Tausende von Menschen – Neugierige, Bewunderer, Sensationslustige, die aus den umgebenden Dörfern und Städten gekommen waren, Scharen von Reportern und Fotografen – warteten in den frühen Morgenstunden auf dem staubigen Gelände dieses Colleges in Bhind, um endlich die wirkliche Phoolan Devi sehen zu können. Es wurde behauptet, daß nicht einmal bei einem öffentlichen Auftritt von Indira Gandhi so viele Reporter und Fotografen sich an einem Ort versammelt hätten, wie bei der Waffenniederlegung von Phoolan Devi.

Als Phoolan Devi auf die Ehrentribüne zuging – die Schultern eingewickelt in einem roten Wollschal über ihrer Khaki-Polizeiuniform, ein breites, rotes Stirnband um ihre schwarzen Haare – und ihr 315er Gewehr und ihren Munitionsgurt vor den Bildern der Göttin Durga und Mahatma Gandhis niederlegte, erhob sich die Menge mit jubelndem Geschrei. Die Banditenkönigin kniete sich vor den Landesminister, küßte seine Füße als Zeichen ihrer Ergebung und legte ihm eine dicke Blumengirlande um den Hals. Ihre Bandenmitglieder folgten ihr nach. Phoolan Devi sah alles andere als glücklich aus. Konfrontiert mit einer Batterie von Fotografen, die die Ehrentribüne auf der Terrasse umzingelten, und den donnernden Zurufen aus der Menge von unten, starrte sie düster vor sich hin. Erst als sie vom Podest die Zuschauermenge mit erhobenen Händen grüßte, fing sie an zu lächeln.

Sie hatte eine lange, nervöse Zeit des Wartens auf diese Kapitulation hinter sich gebracht. Zuerst die geheimen Kontakte mit dem Superintendenten Rajendra Chaturvedi; dann das unsichere Warten auf die Einwilligung durch höhere Regierungsstellen; und das Warten darauf, ob ihre Familie in Sicherheit zu ihr gebracht werden würde. Ein Bandenanführer, Muslim, der für sie die Kontakte mitangebahnt hatte, war bei einem überraschenden Polizeiangriff angeschossen worden und lag – bewacht von der Polizei – im Krankenhaus von Gwalior. Und das, obwohl die Gegend wegen der Kapitulationsverhandlungen zu einer Friedenszone erklärt worden war. Einige Tage vor der offiziellen Kapitulation waren beide Banden, Phoolan Devis und Ghanshyams Bande, in einem kleinen Dorf, um die siebzig Kilometer entfernt von Bhind, in einem Zelt-Camp untergebracht worden. Noch bis zum letzten Augenblick, als sie in den dunklen Nachtstunden in Bussen nach Bhind gebracht wurden, hatten ihre Nervosität und Unsicherheit sie nicht verlassen. Mehrere Reporter hatten sich schon dort eingefunden; Phoolan hatte alle temperamentvoll fluchend weggescheucht.

Die wirkliche Phoolan ließ sich nicht so glatt vor ihr eigenes legendäres Spiegelbild stellen. Sie war klein und schmächtig, derb in der Sprache, sie fluchte kräftig und zeigte nicht die geringste Bemühung, ihre Verachtung für ihren *darbar* (Hof) von Presseleuten und Fotojägern wegzuschminken. Viele waren enttäuscht, daß sie dem legendären Bild der *dasyu sundari* (Banditenschönheit) nicht entsprach, auch nicht die geheimnisvolle, charismatische Aura einer Königin der Banditen zeigte. Ein Korrespondent von *India Today* betrachtete sie als "ein Schulmädchen, das sich aufgeputzt hatte, um die Rolle einer Banditenkönigin zu spielen". Ein anderer witzelte: "Phoolan Devi wird bald von den Medien lernen müssen, wie eine wirkliche Banditenkönigin auszusehen hat".

Solche Sätze sagten mehr über die Bilder, die die Leute in sie hinein projiziert hatten, als über sie selbst aus. Es kam mir absurd vor, wie die Leute die Banditinnen untereinander verglichen: "Kusuma Nain ist zweiundzwanzig, sie ist jünger und schöner als Phoolan Devi"; oder: "Meera Thakur, die in einem 'encounter' mit der Polizei erschossen wurde, galt als die Jüngste und Schönste der Banditinnen ...".

Warum kam es darauf an, festzustellen, daß die Jüngste und Schönste umgebracht wurde? Sollte man der erschossenen Jugend und Schönheit nachtrauern? Für die Beschreibung der männlichen Banditen schien Schönheit eine überflüssige Kategorie zu sein – nirgendwo hörte ich oder las ich von ihnen in diesen Kategorien. Für sie gab es ein anderes Repertoire. Malkhan Singh, das war der edle, feine Bandit; Man Singh Yadav, er war der ruhige, der stille Schlaue; Lakhan Singh, das war der, der studiert hatte. Dabei konnte man schlecht übersehen, daß sie gutaussehende Männer waren. Aber in ihrem Fall war das offenbar für die Sympathien nicht so entscheidend.

Eine Banditin mußte schön sein, damit man vor der darin verborgenen bösen Kraft erschaudern und sich ihrer Faszination hingeben konnte. Es gibt eine so tief sitzende Faszination für die Schönheit der Frau in unserer Kultur, daß alle anderen Attribute dagegen gleichgültig zu sein scheinen. Ob Banditin, ob Göttin, ob einfache Frau auf der Straße, es war ihre Schönheit, die anzog. Phoolan Devi, der dieses ganze Theater nicht verborgen blieb, nahm es später mit dem ihr eigentümlichen Humor auf: "So, Gott hat mir dieses Gesicht gegeben. Was es auch ist. Sie wissen ja, Naradji betete zu Gott darum, ihm ein schönes Gesicht zu geben.

Gott gab ihm das Gesicht eines Affen . . .", erzählte sie bei einem Interview und lachte.

Einige Leute waren erstaunt, daß Phoolan Devi sich mit einem einfachen 315er Mauser in den Schluchten durchgeschlagen hatte. All die Mitglieder von Ghanshyams Bande hatten bessere Waffen als Phoolan Devi und ihre Bande, registrierten manche ihrer Kritiker. Gerade diejenigen, die bei Phoolan Devi den Mangel an weiblicher Scham und Sanftheit herausstellten, waren auch schnell bei der Hand festzustellen, daß sie nicht mal im Umgang mit Waffen besonders stark sei. "Phoolan hatte zwar das Schießen gelernt", schreibt Govind Singh, "aber sie ist eine ängstliche Frau". Man hätte ja gesehen, wie sie sich am Tag der Waffenniederlegung wie eine verängstigte Maus gegeben hatte. Putli Bai und Janakshree, das seien richtige Schützen gewesen, schrieb er; Janakshree hätte sogar ein Streichholz vom Kopf wegschießen können, ohne ein Kopfhaar auch nur zu berühren, aber Phoolan Devi, die wäre nur hinter dem Rücken von Man Singh groß gewesen.

Phoolan Devis Kapitulation verlief nicht ohne Kritik und Kontroversen. In den Augen mancher militanter Gemüter war die öffentliche Kapitulation ein Zeichen der Schwäche der Regierung. *"Goli pe goli do!"*, diese provokativen Störrufe hörte man aus der Menge, als die Bande sich ergab. (Die Forderung "Zahn um Zahn" in tödlicher Form ausgedrückt — "Schuß gegen Schuß!") Schießt die Frau tot! Schießt all die Banditen tot! war ihre Forderung im Klartext. Es wurden auch Armreifen in die Richtung der Regierungsvertreter auf dem Podest geworfen mit den Zurufen: "Zieht Euch die an und bleibt zu Hause!" Das war eine symbolische Störung des Geschehens, die die Regierenden anprangerte für ihre Schwäche: Ihr seid wie Frauen, Ihr habt Euch weibisch verhalten! Ihr solltet lieber Armreifen anziehen und zu Hause bleiben! Die Kritiker verlangten "männliche Politik gegen die Banditen — Gewalt gegen Gewalt!"

Der Landesminister Arjun Singh machte in seiner öffentlichen Rede auf dieser Zeremonie seine Position dazu klar. Wie alle politischen Reden hörten sich seine Worte bombastisch an, aber sie wiesen die Forderung von "*goli pe goli do!*" zurück: "Wir glauben nicht an vorgetäuschte Schußgefechte und Erschießung von Banditen mit betrügerischen Methoden. Sie sind das Produkt einer Gesellschaft, die an Rache und Terror glaubt, aber wir planen, diese Gegend jetzt zu verbessern und die Legende des Fortschritts wird bald die Legende von Blut und Terror ersetzen."

* * *

Zu der Zeit ihrer Kapitulation hatte Phoolan Devi sich von ihrer unwilligsten Seite gezeigt. Fiebrig und nervös, unsicher bis zuletzt, ob sie nicht doch von der Polizei verraten und erschossen werden würde, hatte sie auf alles Drängeln und Nachbohren unwirsch reagiert. Das machte sie nicht gerade beliebt.

Nach der Kapitulationszeremonie wurden die Banditen in Bussen nach Gwalior gefahren – zum Zentralgefängnis. Als Phoolan Devi und Munni Bai, die Frau aus Ghanshyams Bande, von den übrigen Bandenmitgliedern getrennt zu der Frauenabteilung geführt werden sollten, wollte Phoolan keinen Schritt weiter gehen. Die ganze Nervosität und Fiebrigkeit des Tages explodierte in einem Wutanfall. In einer Frauenabteilung im Gefängnis leben? Warum denn! Sie hatte jetzt jahrelang mit den Männern ihrer Bande auf engem Raum zusammengelebt – warum sollte sie nun auf einmal unter Frauen eingesperrt sein! Sie fluchte auf die Wärter und weigerte sich hartnäckig, in die Frauenabteilung zu gehen. Die Gefängniswärter schalteten ihre Vorgesetzten ein; es wurde lange hin und her debattiert, bis schließlich die Erlaubnis durchkam, Phoolan Devi dürfe in der Männerabteilung untergebracht werden. Und Phoolan Devi bezog prompt mit Man Singh zusammen das kleine Zimmer, wo ich sie später auch besuchte.

Von einigen wurde das als Zeichen ihrer Schamlosigkeit bewertet; andere sahen darin einen Ausdruck der Resolutheit und Durchsetzungskraft der berüchtigten Banditenkönigin — sie hatte bewiesen, daß sie ihre Sache wie ein Mann durchstehen konnte!

Etwa unklarer sah es mit ihren Kapitulationsbedingungen aus, die sie offenbar gestellt hatte. Einige Zeitungen hatten diese Bedingungen sogar veröffentlicht. Ihre Forderungen waren u.a.:

— Sie sollte nicht an die Polizei von Uttar Pradesh ausgeliefert werden;

— alle Prozesse gegen sie sollten an einem Ort, in einem Sondergericht von Madhya Pradesh, geführt werden;

— sie sollte in ein offenes Gefängnis kommen und all die Möglichkeiten und Hilfen erhalten, die den Banditen, die sich vor ihr ergeben hatten, zugestanden worden waren;

— für ihre Familienmitglieder sollte voller Schutz gewährleistet werden, und sie sollten Unterstützung während ihrer Rehabilitation bekommen;

— den Familienmitgliedern sollten für ihre persönliche Sicherheit Waffenlizenzen erteilt werden.

Dann kamen aber die Dementis von offizieller Seite. Der Landesminister leugnete, daß es überhaupt irgendwelche Bedingungen für ihre Kapitulation gab. Phoolan Devi hatte auf der Pressekonferenz die Bedingungen von einem verschmierten Zettel vorlesen lassen wollen. Der Zettel wurde schnell zurückgezogen. Auf einmal wurde darüber geschwiegen. Die Vereinbarungen wurden aus irgendwelchen geheimen Gründen fallen gelassen. Es war klar, daß all dies ihr Mißtrauen den Autoritäten gegenüber wecken mußte, da auch die Öffentlichkeit wenig half, die Unsicherheiten ihrer Position zu klären.

Später stellten alle mit Erleichterung fest, daß sie im Gefängnis ruhiger und weiblicher geworden war, rote Armreigen trug wie eine traditionelle indische Frau und sich ihren Besuchern gegenüber gefälliger zeigte. Ohne Zweifel bot das Gefängnis mehr Ruhe und Annehmlichkeiten als die wilden Schluchten. Ein großer Hof, ein Tempel (den der Bandit Nathu Singh noch während seiner Haftzeit gebaut hatte), ein kleines Stück Gemüsegarten und ein Volleyball-Platz gehörten zu den Vorzügen des Gefängnisses. Jetzt war Phoolan Devi aber nicht mehr eine Banditenkönigin, sondern eine Gefangene.

In den vielen Interviews, die sie nach ihrer Kapitulation gab, sprach sie wiederholt von ihren Befürchtungen, an die Polizei von Uttar Pradesh ausgeliefert zu werden. Sie würde sich selbst vorher am Peepal-Baum des Gefängnisses aufhängen, sagte sie. Die Polizisten von Uttar Pradesh seien Verräter. Sie würden sie nur mit Kugeln vollschießen und ihren nackten Körper zur Schau stellen, so wie sie es damals mit der armen Meera Thakur gemacht hätten. Und Chhabiram (der berüchtigte Bandit mit Robin-Hood-Ruf) hätten sie damals verraten; kurz vor seiner Kapitulation hätte die Polizei ihn niedergeschossen.

Solche Unsicherheiten bewegten sie noch, als sie schon immer wieder dieselben Fragen gestellt bekam: Warum wurden Sie eine Banditin? Was passierte in Behmai? Was hat sie zu den Morden an den Thakurs in Behmai getrieben? Haben Sie viele indische Filme gesehen? Was, glauben Sie, wird mit Ihnen in der Zukunft passieren?

Ihre Antworten waren verwirrend und oft widersprüchlich. In einem der ersten Interviews hatte sie die Thakur-Morde als ihre Rache für die Ermordung ihres Liebhabers, Vikram Mallah, angegeben. In zwei weiteren Interviews gab sie keine Antwort auf diese Fragen. Sie schwieg. Später bestritt sie einer Korrespondentin gegenüber, daß sie zur fraglichen Zeit in Behmai gewesen sei. Die Thakurs hätten sie nach dem Mord an ihrem Freund Vikram in ein anderes Dorf, Simra, geschleppt und wollten sie dort umbringen, sagte sie. Es sei unwahr, daß die Thakurs sie öffentlich vergewaltigt hätten, sagte Phoolan weiter. Polizeiquellen dagegen hielten daran fest, daß sie genügend Zeugen und Beweise hätten, um nachweisen zu können, daß sie von den Thakurs öffentlich vergewaltigt wurde und daß sie sich mit den Morden dafür gerächt hatte. Nach der Auskunft eines hohen Polizeibeamten hatte sie gestanden, zwei der Thakurs selbst erschossen zu haben, während die anderen von Man Singh und Raghunath Mallah erschossen worden seien.

Als ich die vielen Interviews mit ihr sichtete, noch bevor ich mit ihr sprechen konnte, wurde mir bewußt, daß sie eigentlich keinen Grund haben konnte, sich mit ihrer wirklichen Geschichte jemandem anzuvertrauen. Warum sollte sie überhaupt "Außenstehenden" – so hatte sie all die Reporter und Presseleute genannt – die Wahrheit über sich erzählen? Sie hatte offen gezeigt, wie sehr sie allen mißtraute. Sie hatte von Anfang an, seit dem verhängnisvollen ersten Mal, als sie in Untersuchungshaft saß, die schlechtesten Erfahrungen mit Menschen gemacht, die Macht und Autorität besaßen. Man Singh Yadav war zu der Zeit der Einzige, der ihr vollstes Vertrauen besaß. Sie hatten schließlich das harte Leben als Banditen miteinander geteilt, waren Gefährten und Komplizen füreinander gewesen. Es gab kein Interview von Phoolan Davi, bei dem Man Singh nicht anwesend war. Sie stand selbst Rede und Antwort, Man Singh griff gelegentlich helfend ein; manche Interviewer meinten, die beiden hätten eine Zeichensprache, mit der sie sich bei den Interviews verständigten.

Das Interesse der Öffentlichkeit konnte sie gebrauchen, solange es ihr Schutz versprach; aber wollten nicht all die glatten, urbanen Menschen, die in Scharen zu ihrem Gefängnis pilgerten, sie eher hereinlegen? Ihr eigenes Interesse mußte sich schließlich geltend machen. Sie war angeklagt worden wegen sechsundsechzig Verbrechen – Morde, Raubüberfälle, Entführungen, illegaler Besitz von Waffen. Die Thakur-Morde waren das schwerwiegendste Verbrechen, das ihr zur Last gelegt wurde, obwohl es ihr den zweideutigen Ruhm der schönen Rächerin aus Ehre eingebracht hatte. Konnte es sein, daß sie jetzt diesen schädlichen Ruhm schlecht gebrauchen konnte, um den Boden für die Prozesse vorzubereiten? Konnte es aber auch wirklich sein, daß nicht sie, sondern eine andere Mallah-Bande für die Morde verantwortlich war? Hatte die öffentliche Legende von Phoolan Devi als Rächerin ihrer Ehre so völlig losgelöst von der Realität entstehen können, war alles vielleicht *nur* der Phantasie entsprungen?

Ich versuchte, diese Möglichkeit zu Ende zu denken. Wenn man Phoolan Devi ihre Schuld nicht nachweisen konnte, wenn man annehmen könnte, daß die Legende ihrer brutalen Vergewaltigung durch die Thakurs und ihre Rache darauf aller Wahrheit entbehrten, mußte man akzeptieren, daß es die Volksphantasie war, die diese Legende aus sich heraus gesponnen hatte. Ich fragte mich, ob man in einem solchen Fall auch die Phantasie schuldig sprechen würde.

Ich erinnerte mich an den japanischen Film "Rashamon". Eine Frau war in einem Wald vergewaltigt worden, und ein Mann – ihr Mann? – wurde ermordet, und am Ende des Films wußte man nicht mehr, hatte das stattgefunden? Was hatte stattgefunden? Es gab vier Menschen, die das Ganze erlebt hatten, und alle vier hatten vier verschiedene Geschichten erlebt. Auf so etwas würden die Gerichte nicht aufbauen können, aber sie mußten sich damit auseinandersetzen.

Nach ihrer Kapitulation hatte man Phoolan Devi erzählt, daß die Dreharbeiten für einen Film über sie schon angelaufen seien. Sie zeigte sich wenig beeindruckt und sagte: "Wie konnte man denn einen Film anfangen, wenn man nicht weiß, wie das Ende der Geschichte ist?"